학급 경영, 수업, 업무까지 후배 교사에게 건네는 따뜻한 조언

선생님, 완벽하지 않아도 괜찮아요

학급 경영, 수업, 업무까지
후배 교사에게 건네는 따뜻한 조언
선생님, 완벽하지 않아도 괜찮아요

초판 1쇄 인쇄 2024년 2월 2일
초판 1쇄 발행 2024년 2월 12일

지은이 유승재
펴낸이 김승희
펴낸곳 도서출판 살림터

기획 정광일
편집 이희연
북디자인 이순민

인쇄.제본 (주)신화프린팅
종이 (주)명동지류

주소 서울시 양천구 목동동로 293 22층 2215-1호
전화 02) 3141-6553
팩스 02) 3141-6555
출판등록 2008년 3월 18일 제313-1990-12호
이메일 gwang80@hanmail.net
블로그 https://blog.naver.com/dkffk1020
한국교육연구네트워크 https://www.kednetwork.or.kr

ISBN 979-11-5930-276-3 03370

학급 경영, 수업, 업무까지
후배 교사에게 건네는 따뜻한 조언

선생님,
완벽하지 않아도
괜찮아요

유승재 지음

살림터

선생님, 저도 커피 한 잔 주세요

어둠이 완전히 가시지 않은 아침, 교실 문을 열고 들어갑니다. 주차할 때 느꼈던 싸늘한 공기는 교실의 아늑함에 녹아 뺨을 간질입니다. 7시가 조금 넘은 시간입니다. 어제 집에서 읽으려고 가져간 책을 정리합니다. 커피 머신에 물을 붓고 제일 좋아하는 빨간 머그잔에 또르르 떨어질 커피를 기다립니다.

"지이이이이이잉"

캡슐을 뚫고 커피가 내려오면서 교실에 커피 향이 가득 찹니다. 마음마저 따뜻해집니다.

얼마 지나지 않아 차가 한 대 더 들어옵니다. 올해 4년 차인 후배 선생님입니다. 2년 전 딱 이맘때부터 일찍 출근해서 저의 고즈넉한 아침 풍경을 살짝 바꾼 선생님입니다. 평소보다 살짝 이른 시간에 들어온 것을 보니 몇 분 후에 교실 문을 두드리고 이렇게 말할 것입니다.

"선생님, 저도 커피 한 잔 주세요."

그 말을 시작으로 후배 선생님과 아침 대화를 합니다. 고민이 생길 때마다 교실 문을 두드립니다. 제가 앉기도 전에 출근하면서 내내 차 안에서 생각했을 이야기를 꺼냅니다.

"선생님, 아이들이 한 아이를 싫어해요. 모둠도 같이 안 하려고 해요."
"선생님, 제가 하는 것이 과정 중심 평가가 맞는지 모르겠어요."
"선생님, 아이가 복도에서 뛰다가 넘어진 것이 저의 잘못인가요?"
"선생님, 새로운 그림책을 발견했어요."

언제부터인지 기억나지 않지만, 스스로의 수업이 마음에 들지 않으면 이런 부탁도 합니다.

"선생님께서 어떻게 수업을 진행하시는지 보고 싶어요."

아이들에게 양해를 구하고, 교실 뒤에 의자와 책상을 놓아줍니다. 후배 선생님은 제가 수업할 때 아이들에게 어떻게 반응하는지 꼼꼼하게 살핍니다. 수업 내용으로 아이들과 대화하는 모습이 보고 싶은가 봅니다. 그럴 땐 공개수업이 아닌 일상적인 수업을 보여줍니다.

2년 동안 이 선생님과 정말 많은 이야기를 나누었습니다. 어떤 문제는 해결책이 필요합니다. 그동안 제가 경험한 일을 얘기해주면서 살며시 몇 가지 해결책을 건넵니다. 선택은 그 선생님의 몫입니다. 어떤 문제는 저도 막막

합니다. 그때는 같이 고민합니다. 후배 선생님이 대화 속에서 자신이 할 수 있는 방법을 찾도록 저는 최대한 후배 선생님의 반대 입장에서 의견을 말합니다.

2년간의 아침 대화로 우리는 우리 앞에 놓인 문제를 하나씩 해결했습니다. 아이들을 이해하려고 노력했습니다. 아이들을 '하나'의 덩어리로 보지 않고 한 아이씩 나누어 보려고 했습니다. 문제가 있는 아이를 보는 것이 아니라 아이가 문제를 일으키는 원인을 보려고 했습니다. 선생님이라는 위치에서 아이에게 상처를 주지 않을까 조심했습니다. 아이를 중심에 두고 수업을 고민했습니다. 교과 재구성에 관해 이야기했습니다. 온작품 읽기와 그림책을 아침 시간과 수업 시간에 활용했습니다.

학부모에게 전화할 때면 그동안 관심을 가지고 바라본 아이에 대해 이야기를 나누었습니다. 아이의 학교생활이 궁금한 학부모에게 여러 가지 방법으로 아이의 웃는 모습을 전했습니다. 학부모가 원하는 모습을 학급 경영에 반영하는 마음의 여유도 생겼습니다.

2년이 지난 요즘에도 후배 선생님의 고민은 끝이 없습니다. 성장하면 할수록 새로운 고민이 생기나 봅니다. 후배 선생님의 새로운 고민이 늘어날수록 아침에 커피 한 잔 더 마셔야 하지만, 저는 즐겁습니다. 후배 선생님과 같이 저도 계속해서 크고 있거든요.

어느 날 문득 이런 생각을 했습니다.

'후배 선생님과 나누었던 아침 대화를 글로 정리해 볼까?'

그 후배 선생님과 똑같은 고민을 하는 선생님이 많지 않을까란 생각도 들었습니다.

고민을 들고 우리 교실을 찾아오는 선생님은 누구든 환영합니다. 같은 교실에 앉아 이야기를 나누고 있는 선생님이든, 고민에 빠져 이 책을 손에 든 선생님이든 누구나 환영합니다. 교실 앞에 팻말 하나 세워야겠습니다.

선생님, 저랑 커피 한 잔 하실래요?

2024년 2월
유승재

1부 아이의 행동을
이해하면,
아이 마음이 보여요

아이들이 모두 같을 수 없다는 것을 알지만,
지금까지 같은 모습을 기대하고 있었습니다.
한 아이만의 특별한 모습을 살펴주세요.
아이의 문제 행동보다
그렇게 행동한 이유를 들어주세요.

※ 책에 나오는 아이들 이름은 모두 가명입니다.

학습에 의욕이 없는
아이들이 있어요

Q 수업 시작하고 얼마 지나지 않았는데 고개를 숙이고 손장난하는 아이가 있어요. 제 수업을 조금도 듣지 않는 것 같아요. 여러 가지 방법을 시도해도 학습하고자 하는 의욕이 없어요. 왜 그럴까요?

수업이 시작되어도 몇몇 아이들이 아직도 엎드려 있습니다. 온몸으로 '아무 것도 하고 싶지 않아. 제발 내버려 뒤'라고 말하는 것 같습니다. 마지못해 일어나서 잠깐 선생님을 보지만, 시선은 손끝의 연필에 그려지는 낙서에 머 뭅니다. 의욕이나 활력이 없습니다. 마틴 셀리그만(Martin Seligman)은 이 모습 을 '학습된 무기력'(learned helplessness)이라고 말합니다.

무기력을 계속 경험하는 아이들은 새로운 학습 상황에 마주할 때, 처음 부터 그 어떤 노력도 기울이지 않으려고 합니다. 시도조차 하지 않고 무기 력해지는 쪽을 선택합니다. 이 아이들은 무기력을 학습한 것입니다. 학습 에 자주 실패하는 아이들은 자신의 능력으로 해결할 수 없는 일들에 무기 력을 느낍니다. 자신의 힘으로, 어떠한 노력으로도 어찌할 수 없는 일이라 고 생각합니다.

무기력을 학습한 아이들의 과거를 살펴보면 몇 가지 공통된 모습을 찾을 수 있습니다. 처음부터 무기력한 아이들은 없으니까요. 그 아이들의 가장 가까운 사람들의 행동이 무기력을 시작하게 했습니다. 무기력을 강해지게 했습니다. 그 아이들의 이야기를 지금부터 들려 드리겠습니다.

첫 번째는 수업 내용을 듣지 않아도 모두 아는 아이지만 하고자 하는 의욕이 없는 용건이 이야기입니다. 용건이의 무기력함은 공부에 진심인 부모님의 강압적인 양육 태도에서 시작되었습니다.

용건이는 수업을 시작해도 교과서를 준비하지 않습니다. 선생님 눈치를 보고 '안 되겠다'란 생각이 들면 그때야 느릿하게 움직입니다. 가방 안 필통 속에 연필이 가지런히 놓여 있는데도 꺼낼 생각을 하지 않습니다. 수업 중에 힐끗 보면, 용건이는 어김없이 교과서에 낙서 중입니다. 용건이가 가장 적극적인 순간은 평가 시간입니다. 평가지를 받아 든 순간 눈빛이 달라집니다. 평가지를 제출하고 나면 긴장한 듯 선생님 주변을 맴돕니다. 모든 문제를 다 맞을 때면 환한 미소를 짓지만, 한 개라도 틀리면 울상입니다. 용건이는 왜 그럴까요?

용건이의 행동에는 부모님의 태도가 깊숙이 연관되어 있었습니다. 용건이는 아주 어린 나이에 한글을 읽고 썼고, 유치원 다닐 때 이미 초등 3~4학년 과정을 대부분 공부했대요. 용건이에게 기대가 컸던 부모님은 점점 많은 학습 과제를 주었고, 어린 용건이는 다른 친구들이 노는 시간에도 공부해야 했어요. 쉬운 문제를 틀리거나, 자세가 바르지 못한 날에는 공부 시간이 길어졌어요.

용건이는 학교에 있는 것이 휴식이었습니다. 몸도 마음도 쉬는 시간이었던 것 같습니다. 선생님이 해줄 수 있는 것은 '아이의 긴장감을 풀어주는 것과 아이가 아이답게 놀 수 있게 하는 것'이라고 생각했습니다.

"용건아, 이 문제 풀어볼래?"

교과 내용과 관련 없는 창의성 문제를 슬쩍 주고 옵니다. 수업 내내 집중하여 해결합니다. 이번에는 보드게임을 제안합니다. 흥미를 보입니다. 다음 쉬는 시간에는 바쁘다는 핑계로 다른 친구들과 함께 해보도록 유도합니다. 한번 마음의 문을 연 용건이는 이제 쉬는 시간에도 친구들과 보냅니다. 수업 시간에도 선생님을 바라봅니다. 참 다행입니다.

두 번째는 '아무것도 모르겠어요'라면서 아무것도 하지 않으려는 수호 이야기입니다. 수호의 무기력감은 '수호는 원래 못 해'라는 선생님과 친구들의 인정에서 시작되었습니다. 그러다 시간이 흐르면서 수호 스스로 '나는 못 해. 할 수 없어'라고 생각하게 되었지요.

수호는 학습부진아입니다. 4학년이지만 여전히 덧셈도 손가락을 이용합니다. 구구단을 외웠지만 4×5는 4×1부터 시작해야 알 수 있습니다.

"선생님, 하나도 모르겠어요."

"어느 부분을 모르겠어?"

"그냥 다 몰라요. 아무것도 모르겠어요."

수호는 이 말이 입속 어딘가에 붙어있나 봅니다. 국어도, 수학도 모든 교과에 습관처럼 이 말을 합니다.

수호는 어렸을 때부터 더디게 배웠다고 합니다. 한글도 늦게 뗐고, 숫자도 한참 뒤에 읽고 썼다고 합니다. 선생님들은 수호가 느려도 계속 기다려 주셨대요. 하지만 시간이 지나도 학습 내용을 이해하지 못하는 수호를 계속 붙잡고 있기 어려웠겠지요. 학습지를 완성하지 못하고 제출해도 '수호니까'라고 인정하며 받았고, 제출하지 않아도 그냥 넘어갔다고 합니다. 친구들도 '수호니까' 숙제를 안 해도 혼나지 않는 상황에 대해 불만이 없었다고 합니다. 수호는 이제 공부하지 않아도 혼나지 않습니다. 이 말 하나면 마법처럼 통과하니까요.

"선생님 하나도 모르겠어요."

수업 시작 전에 수호와 이야기를 나눕니다.

"수호야, 오늘 수업은 누구나 새롭게 배우는 내용이야. 그러니까 수호가 잘 들으면 충분히 할 수 있어. 잘 들어봐."

"수호야, 오늘 수업은 수호가 어려울 수도 있으니까 대신 이것 먼저 해볼까? 이것은 충분히 할 수 있을 것 같은데?"

수호에게 필요한 것은 다른 친구들과 다른 수호만의 학습 진도, 성공 경험, 칭찬 세 가지입니다. 학습 부진이 쌓여있는 수호에게 다른 아이들과 똑같은 학습 내용을 주는 것은 학습 부진을 하나 더 쌓는 것입니다. 수호만의 학습 진도로 수호가 할 수 있는 학습을 주는 것, 그리고 학습에 성공한 것에 대해 뿌듯할 수 있도록 칭찬이 필요합니다. 처음에는 수호만 들을 수 있도록 칭찬하고, 나중에는 친구들 앞에서 칭찬합니다.

"얘들아, 이것 봐. 수호도 이렇게 잘할 수 있어."

세 번째, 어렸을 때부터 갈등이 심한 환경에서 생활하고 있는 정환이의 이야기입니다. 정환이의 무기력은 일상의 긴장에서 시작되었습니다. 부모님이 다투는 날이면 정환이는 구석에 숨어, 귀를 막고 한참을 보냈습니다. 정환이는 '엄마, 아빠가 이혼하는 거 아니야?'라며 긴장합니다. 부모님의 눈치를 살핍니다. 아무것도 할 수가 없습니다.

주눅이 든 아이는 학교에서도 쉽게 긴장을 풀지 않습니다. 친구가 갑자기 큰 소리를 내면 화들짝 놀랍니다. 머릿속에 공부가 들어올 공간이 없습니다. 학습지를 받고도 꼼짝하지 않고 어딘지 모를 한 곳만 봅니다. 어르고 달래도 두 시간을 꼼짝하지 않습니다.

정환이의 긴장을 풀어줘야 했습니다. 아침 시간이면 정환이 손을 잡고 산책했습니다. 아이들이 다니지 않는 길로 말없이 걸었습니다. 다행히 싫어하지 않았습니다. 며칠 후 넌지시 물어봅니다.

"수업 시간에 왜 그랬어?"

"그냥 생각이 안 나요."

"생각이 하나도 안 나니?"

"생각날 때도 있어요."

"그럼 생각날 때 해보는 것은 어때?"

정환이에게 스스로 선택할 기회를 줬습니다. 한 가지라도 시도해야 했으니까요. 지금은 정환이의 생각을 어느 정도 알 수 있어요. 정환이는 '가족'과 관계된 활동은 아직도 거부합니다. 정환이에게 가족은 아직도 불편한 단어입니다. 다만, 다른 활동은 하나씩 도전하고 있습니다.

정환이는 그동안 학교에서도 마음이 편하지 않았을 것입니다. 다른 친구들은 행복한 가족의 모습을 표현하는데 정환이는 가족의 그러한 모습이 기억나지 않거든요. 이제 정환이의 표정이 밝아졌습니다. 정환이는 더 이상 학습을 거부하는 완강한 아이가 아닌 자기가 할 수 있는 부분을 해내는 아이가 되었습니다.

무기력을 학습한 아이는 쉽게 무력감에서 벗어날 수 없다고 합니다. 어렸을 때 만들어진 '학습된 무기력한 성향'은 꽤 오랜 시간이 지난 뒤에도 여전히 유지된다고 합니다. 아이들의 행동에는 언제나 원인이 있습니다. 의욕이 없는 아이라고 처음부터 그랬던 것이 아닙니다. 아이들이 무기력을 배우는 것은 그 아이를 가장 가까이에서 사랑해야 할 사람이라고 합니다. 그 속에서는 분명 선생님도 있습니다.

　선생님, 아이가 '아무것도 모르겠어요'라고 말할 때 아무것도 모른다는 사실보다 왜 그런 말을 하게 되었는지 알아보시면 어떨까요? 아이를 알게 되면 해결 방법도 보일 것입니다. 무기력이라는 방패를 깨트려 아이들의 미소를 찾아주는 것도 선생님의 역할입니다.

❗ 후배 선생님이 들려주는 교실 이야기

선생님과 이야기를 나눈 후 그동안 문제아로 보였던 아이의 행동에 마음이 쓰였습니다. 이전 담임 선생님을 만나보고, 아이와 산책하면서 아이의 속마음을 알기 위해 노력했습니다. 아이가 그런 행동이 짧은 기간 동안 만들어진 것은 아니었습니다. 그 아이가 살아온 과거를 정확히 알 수 없지만, 어린 나이에 힘들었을 아이를 생각하니 제가 더 속상해요. 어릴 때부터 무기력을 선택한 아이들의 마음은 오죽했겠어요.

아이가 살아온 환경이나, 살아갈 환경까지 바꿀 수 없지만, 저와 함께하는 시간 동안 제가 잘 살피려고 합니다. 교실에서는 마음 편하게 지내도록 하고 싶어요. 오늘은 아이와 간단한 보드게임을 했습니다. 수줍게 웃는 모습이 너무 예뻤습니다. 선생님과 같이 노는 것을 보고, 다른 아이들이 하나씩 모여들기 시작했습니다. 자꾸 자기를 혼자 구석으로 몰았던 아이가 이제 아이들과 함께 노는 모습을 보니 제 코끝이 찡해졌습니다.

선생님 다 했어요.
VS 저는 시간이 더 필요해요

Q 수업 중 학습 과제를 언제나 빨리 마치고 주변을 소란스럽게 하는 아이가 있어요. 그런데 한쪽에서는 시간이 부족하다고 내일까지 해도 괜찮은지 물어보는 아이가 있어요. 이럴 때는 어떻게 해야 하나요?

"선생님이 서로 관련이 없는 6개의 사진을 가져왔어요. 사진의 순서를 정해 이야기를 만들어 보세요."

20분도 지나지 않았는데 형범이가 벌떡 일어나서 외칩니다.

"선생님 저 다 했어요. 이제 뭐 해요?"

아이들이 끝낼 거라고 제가 예상한 시간은 40분이었습니다.

수업을 마칠 시간이 되었습니다. 아이들도 어느 정도 과제를 마무리하고 있습니다. 그때 지홍이가 다가오며 조그만 목소리로 말합니다.

"선생님, 저는 다 못 했어요. 내일까지 하면 안 되나요?"

지홍이는 학습지를 반쯤 완성했지만, 다른 친구들보다 훨씬 꼼꼼하게 채웠습니다.

선생님은 아이들 활동에 필요한 시간을 예상합니다. 하지만 모든 아이가 선생님이 예상한 시간에 활동을 끝내지는 않습니다. 이유는 제각각이겠지만 어떤 아이는 수행 속도가 빠르고, 또 어떤 아이는 느리니까요.

이때 선생님은 누구에게 먼저 반응하시나요? 아마도 선생님의 눈길을 끈 것은 과제 수행이 빠른 아이들일 것입니다. 빨리 과제를 끝내고 주변을 돌아보며 참견합니다. 조용하던 교실이 소란스러워집니다. 집중하던 몇몇 아이들의 손놀림이 빨라집니다. 급하게 마무리한 글씨는 마지막에 이르러 암호처럼 보입니다.

선생님은 그런 아이들에게 어떻게 말씀하시나요? 경력이 얼마 되지 않았을 때, 저는 이렇게 말했습니다.

"시간이 남으면 조금 더 자세히 써."

"네가 쓴 글을 다시 읽고, 이상한 부분은 고쳐야지."

"다 했으면 조용히 책 읽고 있어."

아이가 쓴 글은 보지 않고, 짜증 섞인 목소리로 아이들을 조용히 시키기에 급급했습니다. 이 아이들의 소란에 다른 아이들까지 덩달아 떠들고 있었기 때문입니다.

조용히 하라는 말을 들은 아이들은 잠시 가만히 있지만 이내 몸이 들썩입니다. 선생님의 그 말은 아이들 한쪽 귀로 들어가서 다른 쪽 귀로 나오겠지요. 당연합니다. 아이들에게는 이미 지나간 과제일 뿐인걸요. 아이들을 다시 과제로 되돌릴 정교한 대책이 필요합니다.

선생님은 '형범이의 과제 수행 속도가 왜 빠를까?'에 대해 생각해 보신 적이 있으신가요? 아이의 성향이 보이면 처방도 보이기 마련입니다. 선생님은 아이의 행동에 불편한 감정을 드러내기보다 아이의 성향에 어울리는 즉각적이고 구체적인 피드백을 줘야 합니다.

먼저, 자신이 빨리한다는 사실에 뿌듯해하는 아이는 과제 수행이 빠릅니다. "선생님 다 했어요"라고 과시하듯 큰 소리로 외칩니다. 주변을 돌아보며 참견하는 것도 도와주려는 의도보다 '나는 이미 다 했다'는 것을 알리고 싶은 마음일 것입니다. 이러한 아이에게는 선생님의 피드백 한마디가 중요합니다. 선생님은 아이의 학습지를 읽고, 구체적으로 고칠 부분을 짚어줘야 합니다.

"한 문장에는 한 가지 내용만 들어가야 해. 지금 문장이 길어진 것을 찾아 두 문장으로 나누어 쓰면 훨씬 읽기 좋을 것 같아."
"아직도 문단 나누기 힘들지? 내용이 달라지면 문단을 나눠야 하는데 여기는 그대로 이어져 있네?"
"글을 다 쓰고, 네가 쓴 글을 천천히 읽어 봤니? 어색한 부분을 스스로 찾아서 고쳐보는 것도 글쓰기만큼 중요해."

형범이는 선생님에게 인정받고 싶습니다. 아이의 이런 마음을 알아주면 아이도 과제를 다시 살펴보게 됩니다. 자신의 글을 꼼꼼하게 읽고 같이 고쳐주는 선생님을 따라 다시 과제를 볼 수밖에 없습니다.
"형범아, 처음 쓴 글을 다시 읽어 보고 지금 수정한 글을 읽어 볼래? 달라졌지? 형범이가 꼭 작가처럼 글을 쓰는구나."
형범이 얼굴에는 미소가 가득합니다. 형범이에게는 칭찬이 힘이 됩니다.

학습을 귀찮아하는 아이도 과제를 빨리 마무리합니다. 분명 25줄 정도 쓸 학습지를 줬는데, 문장 5개로 마무리합니다. 글씨는 처음부터 엉망입니다. 선생님의 분노를 끌어올리는 것이 목적인 듯 책상에 엎드려 손장난을 반복합니다. 선생님이 꾸짖으면 마지못해 고개를 들고 멍하니 생각에 빠집니다.

이 아이의 행동에도 이유가 있습니다. 아마 이 아이는 지금까지 칭찬보다는 꾸중을 더 많이 받았을 것입니다.

"고작 5줄 쓰고 다 했다고 하는 거야?"

"그 정도밖에 못 해? 조금 더 할 수 있잖아?"

학습과는 관계없이 이미 다른 일로 들은 꾸중에 마음이 상했을지도 모릅니다.

"글씨 똑바로 써야지? 연필은 왜 그렇게 잡아?"

어차피 10줄을 써도 글씨 때문에 혼나고 다시 써야 하니 처음부터 하기 싫을 수도 있고요.

글쓰기 과제를 볼 땐 글쓰기만 봐야 합니다. 글씨도 자세도 그때는 평가 대상이 아닙니다. 5줄을 썼다면 5줄에 대해서만 피드백을 해주세요. 수정할 부분이 10곳이 보여도 한 개씩 천천히 지도하는 것이 좋습니다.

"이 장면에서 이 인물은 뭐라고 말했어? 큰따옴표에 넣어서 한 줄 더 쓰면 좋을 것 같은데?"

어려운 수정이 아니므로 금방 완성해 옵니다. 그러면 저는 이렇게 말해줍니다.

"통과! 이제 하고 싶은 것 해도 괜찮아. 애썼어."

선생님께 자주 인정받으면 아이의 성취 욕구도 깨어납니다. 다음에는 7줄, 10줄을 써 옵니다. 글씨를 교정해 주고 싶다면 그때 살짝 말해 줍니다.

"글씨가 예뻐지면 글을 잘 읽을 수 있을 것 같아. 띄어쓰기에도 신경 써 볼까?"

수업이 끝날 때쯤 아이들은 학습지를 제출합니다. 하지만 아직도 학습지를 붙들고 있는 아이가 있습니다. 앞서 말한 지홍이도 마찬가지입니다. 이번에는 과제 수행 속도가 느린 아이를 신경 써야 합니다. 지홍이가 느린 이유를 알아야 합니다. 속도가 느린 것에도 분명한 이유가 있으니까요. 지능에 특별히 문제가 없고, 학습 욕구가 있어도 느린 아이들이 있습니다.

지홍이는 선생님이 준 학습지의 그림을 한참 동안 바라봅니다. 드디어 순서를 정한 듯 이야기를 꾸밉니다. 선생님이 평소에 가르쳐준 대로 짧은 문장으로 생각을 표현합니다. 큰따옴표를 이용해 대화 글도 넣습니다. 그림을 보지 않아도 인물의 모습이 그려질 수 있도록 잘 묘사합니다. 선생님이 준 학습지가 모자라 종이를 더 붙입니다. 수업 시간이 다 지났는데 반도 못 했습니다.

시간을 더 주면 지홍이는 꼼꼼하게 완성할 수 있습니다. 지홍이를 위해 눈치껏 말을 바꿉니다. 시간을 더 준 것입니다.

"이야기 만들기가 쉽지 않지요? 지금까지 완성한 친구들은 제출하고, 혹시 다 못한 친구는 내일 아침까지 제출해 주세요."

이것이 제가 지홍이 모르게 지홍이를 도울 수 있는 피드백입니다.

학습이 부진한 아이들도 과제 수행에 시간이 듭니다. 이 아이들은 자기의 생각을 한 문장으로 표현하기 힘들어합니다. 여러 문장을 모아 문단으로 구분하기도 어렵습니다. 그 아이들에게는 지홍이나 형범이와 같은 기준을 제시할 수 없습니다. 이럴 때는 아이 곁으로 선생님이 다가가는 것이 좋습니다. 이야기를 같이 만듭니다.

"그림을 보고 생각나는 것을 문장으로 쓸 수 있을까?"

"지금까지 쓴 문장 중에서 마음에 드는 것을 하나씩 골라줄래?"

"고른 문장을 연결해서 이야기를 만들어 보자. 혹시 중간에 더 쓰고 싶은 것이 있으면 꼭 말해줘."

　다른 교과에서도 같은 방식으로 지도할 수 있습니다. 이 아이에게도 성취 욕구가 필요하니까요.

　교실에는 수없이 다양한 수준의 아이들이 있습니다. 어떤 아이는 과제를 해내는 데 속도가 느리고, 어떤 아이는 빠릅니다. 아이들이 제각각이니 아이들을 위한 피드백도 제각각이어야 합니다. 교실 칠판 앞에 작은 책상과 의자를 놓아보세요. 아이들이 더 편하게 선생님께 다가와서 질문할 것입니다. 선생님도 아이의 수행에 맞는 즉각적인 피드백을 할 수 있을 것입니다.

❗ 후배 선생님이 들려주는 교실 이야기

조금만 더 고민하면 더 잘할 수 있을 것 같은 아이가 제 기대와 달리 매번 일찍 끝내고 친구들과 떠들면서 교실을 소란스럽게 만들었습니다. '너는 정말 작가처럼 글을 쓰는구나' 이 말과 함께 글쓰기 공책에 좋은 점 세 가지, 고쳤으면 하는 점 한 가지를 적어줬어요. 아이는 자기 글을 선생님이 꼼꼼하게 읽고 피드백을 줬다는 사실에 뿌듯해하며, 고쳐쓰기를 시작합니다. 이제는 학습 활동을 다 하면 옆 친구를 보지 않고, 선생님을 봅니다.

저는 그동안 결과 중심 평가의 시간에 얽매여 있었던 것 같아요. 제출해야 해서 안절부절못하는 아이에게 "언제까지 마무리할 수 있을까?"라고 말했습니다. 이 질문 한마디에 아이들은 자기의 생각을 의도대로 표현할 수 있었습니다. 아이들의 표정에도 여유가 생겼습니다.

집중 못 하는 아이,
그럴만한 이유가 있어요

Q 열심히 수업을 준비했는데 집중하지 못하는 아이가 많아 속상할 때가 있어요. '제가 수업을 잘하지 못해서 그런 것은 아닐까?' 하는 생각도 들어요. 이럴 때는 어떻게 해야 하나요?

이것은 모든 교사가 똑같이 고민하는 것입니다. 16년 차 교사인 저도 매번 겪는 일이고, 수업의 달인이라고 인정받고 있는 선생님들도 여전히 진행 중인 고민입니다. 선생님이 생각하는 것처럼 선생님의 수업 준비나 집중 신호와 같은 수업 기술보다는 아이들이 처한 개개인의 상황이 문제일 수 있습니다.

제가 처음 선생님이 되었을 때도 수업에 집중하지 못하는 아이들이 있었습니다. 한 차시 수업을 2시간 이상 준비하던 시절이었습니다. 저도 선생님과 같은 고민을 했었습니다. '내 수업이 문제가 있나?' 하는 생각이 머릿속에 가득 찼고, 선배 선생님을 찾아가 하소연했지요. 그때 선배 선생님은 이런 말을 해주셨습니다.

"아이들이 그렇게 반응하는 이유는 선생님 수업의 문제가 아닐 수 있어요. 평소 아이들의 모습을 자세히 관찰해 보세요."

아이들을 살펴보았습니다. 과연 답은 아이들에게 있었습니다. 아이들이 수업에 집중하지 못하는 개개인의 사정이 있었습니다. 어떤 아이는 수업 내용을 이해하지 못했고, 어떤 아이는 수업에 집중할 수 없는 마음 상태였습니다. 그런데도 저는 아이들의 상황보다 저의 수업을 더 중요하게 여겼습니다.

'선생님이 이만큼 열심히 수업을 준비했어. 그러니까 너희들은 잘 들어야 해. 한 사람도 딴짓하면 안 돼.'

아이들의 사정이 눈에 들어오니 수업 시간에 아이들을 바라보는 저의 태도도 달라졌습니다. 손장난하는 아이들을 혼내기보다 손장난 거리를 책상에서 살짝 치워줬습니다. 수업 시간에 멍하니 바라보는 아이들에게는 장난스럽게 이름을 불러줬습니다. 아픈 아이들에게는 잠깐의 쉼을 주었고요. 아이들의 상황을 이해하고, 저의 행동을 바꾸니, 마음이 한결 편해졌습니다.

요즘 우리 반 수업을 살짝 보여 드리겠습니다. 선생님을 고민에 빠트린 친구가 우리 반에도 있는지 확인해 보세요. 혹시 비슷한 아이가 있다면 제가 한 것처럼 선생님도 한번 해보세요. 참, 아이들을 알기 위해서는 아이들과 산책을 하는 것이 제일 좋습니다. 점심시간에 종종 아이들과 산책하면서 얘기를 하면 자기 이야기를 술술 해주기도 하거든요. 저는 그것을 '공부 산책'이라고 이름 지었습니다.

1교시 수업은 수학입니다.

"수업 준비되었나요? 오늘은 소수 사이의 관계에 대해 알아보겠습니다."

수업을 시작한 지 10분도 지나지 않았을 때 몇몇 아이들이 신호를 보냅니다. 선생님을 보고 있는 지율이의 눈빛이 초점을 잃어갑니다. 석우는 수학

교과서 아래 놓인 종합장에 그림을 그리기 시작합니다. 민재는 당연히 지켜야 하는 규칙적인 부분에 민감하게 반응합니다. 바르게 앉아야 하는 것에도 불만입니다. 소진이는 어딘가 불편해 보여요. 자꾸 인상을 찌푸립니다. 현석이는 엉덩이를 들썩이는 것으로 보아 화장실에 가고 싶은가 봅니다.

지율이는 학습이 더딘 아이입니다. 분수가 무엇인지는 알지만, 분수 1/10이 소수 0.1이 된다는 사실은 모릅니다. 그런 지율이에게 1/10, 1/100, 1/1000의 관계를 설명하고, 이해하기를 바라는 것은 무리겠지요. 다른 교과도 똑같습니다.

지율이와 점심시간을 이용해 공부 산책을 했습니다.

"수업 시간에 선생님이 설명할 때 지율이는 무슨 생각을 하니?"

"그냥 아무 생각이 없어요. 들어도 잘 모르니까요."

"하나도 모르겠어?"

"선생님이 전에 배운 것을 설명해 주시면 알겠는데 새로 배우는 것은 모르겠어요."

지율이와 공부 산책 후 우리 반 수업은 앞부분이 좀 장황해졌습니다. 지난 학년에 배운 내용을 차근차근 설명합니다. 교과서에 나온 어려운 단어도 이해하기 쉽도록 다른 문장으로 대신합니다. 지율이는 이제 교과서에서 자기가 할 수 있는 부분만 해결합니다. 대신 집에 갈 때 기초 학력 학습지를 숙제로 받아 갑니다. 강제로 해야 하는 것은 아닙니다. 하고 싶은 것만 합니다. 그럼에도 지율이가 할 수 있는 부분은 한 개씩 늘어갑니다.

석우는 그림 그리는 것을 좋아합니다. 집착한다고 느낄 정도입니다. 3월에 전학을 온 석우는 아직 친구가 없습니다. 소극적인 성격에 친구 사귀는 것을 힘들어합니다. 혼자 있는 시간에 그림을 그립니다. 연습장에 그림으로 가득합니다. 쉬는 시간에 그리던 그림을 완성하지 못하면 수업 시간에 몰래 그립니다.

석우와도 공부 산책을 하러 나갑니다.

"석우 그림 실력이 점점 좋아지는데? 나중에 캐릭터 디자이너 해도 되겠다."

"아직 거기까지는 모르겠어요."

"석우는 그림 그릴 때가 제일 재미있니?"

"혼자 있을 때 그림 그리면 심심하지 않잖아요."

"선생님이 보니까 석우는 체육 시간에 친구들과 노는 것도 좋아하는 것 같던데?"

석우는 심심함을 달래려고 그림을 그렸습니다. 친구와 놀면 당연히 해결될 문제였습니다. 쉬는 시간에 석우를 피구하는 친구들에게 데리고 갔습니다. 석우는 자연스럽게 피구에 참여할 수 있었습니다. 이제 석우는 쉬는 시간에 친구들과 피구를 하며 놉니다. 그림은 당연히 짬짬이 그리고 있지요.

민재는 오늘도 저와 말씨름을 해요. 꼭 청개구리와 대화하는 것 같습니다.

"민재야, 80쪽을 펴야지."

"저는 여기 보고 싶은데요."

"민재야, 글씨 바르게 써야지."

"싫어요. 왜 바르게 써야 하는데요?"

민재와도 공부 산책을 했습니다. 다른 친구들과 달리 민재는 선생님으로부터 도망가려고만 합니다. 학부모와 상담이 필요한 상황입니다. 어머니는 차분한 목소리로 민재의 가정환경을 말씀해 주셨습니다. 민재는 지극히 규범적인 가정에서 자라고 있었습니다. 사소한 일이라도 잘못하면 어머니와 대화해야 했고, 그 긴 대화가 너무 싫었던 민재는 바르고 착한 아이가 되어야 했습니다. 학교에서는 잔소리하는 엄마가 없으니 반대로 행동하는 청개구리가 되었고요.

이제 수업 시간에 민재를 다그치지 않습니다. 교과서를 펴지 않아도 신경 쓰지 않습니다. 수업 중 교과서 인물을 민재로 살짝 바꾸면 어차피 궁금해서 교과서를 펴니까요. 자세가 바르지 않으면 이렇게 말해줍니다.

"여러분 민재가 지금 자기의 몸으로 실험을 하고 있어요. 수업 중에 비뚤게 앉아 있을 때와 바르게 앉아 있을 때 선생님이 어떻게 반응하는가에 대해 궁금하거든요."

민재는 딴짓해도 이미 수업 내용을 다 알고 있습니다. 선생님이 할 일은 민재의 긴장을 풀어주는 것입니다.

소진이는 오늘도 배가 아픕니다. 벌써 몇 번이나 보건실에 다녀왔습니다.

"보건 선생님, 소진이가 배가 아파요. 혹시 괜찮으시면 한 시간만 누워있게 해주세요. 쉬는 시간에 내려갈게요."

사실 저는 소진이가 아픈 이유를 알고 있습니다. 오늘 아침 엄마에게 혼나고 왔거든요. 쉬는 시간에 어머니께 전화하면서 내려갑니다. 보건실에 도착하면 소진이에게 전화를 넘겨줍니다. 소진이의 배는 씻은 듯이 나았습니다. 아마 어머니께서 걱정스러운 말투로 소진이의 상태를 물어보았기 때문일 것입니다.

현석이도 머리가 아픕니다. 현석이에게 조용히 다가가 귓속말로 물어봅니다.

"현석아, 엄마 서울로 올라가셨어?"

현석이 어머니는 암 투병 중이십니다. 항암치료를 위해 한 달에 절반은 서울에 있는 병원에 입원하십니다. 아버지도 함께 가시니 현석이와 동생은 삼촌과 함께 집에 있어야 합니다. 어머니께서 서울로 올라가는 날이면 어김없이 머리가 아픕니다. 안타깝지만 선생님이 해줄 수 있는 일은 별로 없습니다.

우리 반에는 25명의 아이가 있습니다. 아무리 즐겁게 수업을 준비해도 공부를 좋아하는 아이들이 몇 명이나 있을까요? 게다가 나름의 고민을 안고 살아야 하는 아이들이 있습니다. 그런 아이들에게 똑같은 반응을 바라는 것은 무리가 아닐까요?

선생님, 선생님은 지금처럼 열심히 수업을 준비하시면 됩니다. 다만, '저 아이는 왜 내 수업에 집중하지 못하는 걸까?, 오늘도 또 그러네'라고 생각하지 말고, 그들이 어떤 상황에 있는지, 어떤 생각을 하는지 관심을 가져보세요. 수업에 집중하지 못하는 아이가 아닌 내 소중한 아이 한 사람이 더 보일 것입니다.

후배 선생님이 들려주는 교실 이야기

선생님께서 들려주신 선배 선생님의 조언이 꼭 제게 하는 말 같았어요. 지금까지 저는 제가 준비한 수업에 뿌듯해하며, 아이들에게 제 수업을 강요하고 있었습니다. 모든 아이가 똑같은 모습으로 제 수업에 집중하는 모습을 상상해 보니 그것이 더 이상했어요. 그래서 편안한 장소에서 편안한 마음으로 아이들을 만나 그들의 이야기를 들어봤습니다.

아이들과 공부 산책을 했습니다. 선생님 책상 앞에서는 아무런 말도 못 하던 아이들이 자기 이야기를 조금씩 하기 시작해요. 아침에 엄마에게 혼난 이야기, 동생이 짜증 나게 했던 이야기, 수업 시간이면 자꾸 낙서하고 싶은 이야기를 들려줍니다. 아이들이 이해되기 시작했습니다. 지금까지는 수업에 집중 안 하는 행동만 보였거든요. 그런데 신기한 일이 일어났습니다. 그냥 산책하면서 이야기를 나눈 것뿐인데, 수업에 집중하라고 말하지도 않았음에도 아이들이 선생님을 봐요.

사소한 다툼에도
관심을 보여주세요

Q 아이들이 너무 다퉈요. 쉬는 시간에 놀다가 말다툼하고, 때로는 주먹질까지 해요. 쉬는 시간 대부분을 아이들이 싸운 이야기를 들으며 보내요. 저희 교실만 이런가요?

크고 작은 다툼은 어느 교실에서나 일어납니다. 제가 2학년 담임이었을 때였습니다. 쉬는 시간이 되면 아이들이 저를 에워싸곤 했습니다.

"선생님 지훈이가 제 지우개 가져갔어요."

"아니에요, 인서가 먼저 제 교과서에 낙서했어요."

멀리서 우당탕 소리와 함께 교실에서 술래잡기하던 상훈이가 넘어졌습니다. 급하게 뛰다가 의자에 걸려 넘어졌지만, 정민이가 밀었다며 노려봅니다. 4학년 담임이었을 때도, 6학년 아이들을 만났을 때도 크게 다르지 않았습니다.

아이들의 다툼은 어쩌면 당연한 일입니다. 서로 다른 환경에서 제각각의 성향으로 자란 아이들이 모인 곳이 교실입니다. 규칙과 질서를 잘 지키는 아이, 가만히 있지 못하고 움직이는 아이, 조용히 책 읽기를 좋아하는 아이, 친구 놀리는 것이 일상인 아이, 말없이 조용히 바라만 보는 아이들이 20평의 좁은 공간에서 생활합니다. 생각의 차이가 있을 수 있고, 당연히 갈등도 생깁니다.

아이들의 다툼에는 다툴 만한 이유가 있습니다.

첫째, 아이들 개개인의 능력이나 성격 차이가 다툼의 원인이 됩니다.

"선생님, 민정이가 하기 싫다고 아무것도 안 해요."

"아니에요. 자기들끼리만 해요. 제 얘기는 안 들어줘요."

교실에서는 공부 잘하는 아이, 운동 잘하는 아이, 활발한 성격에 친구가 많은 아이는 모둠 활동에서도 인기가 많습니다. 조용한 아이, 능력이 부족한 아이들의 의견은 때때로 다른 모둠원들에게 무시되고, 소외됩니다.

둘째, 아이들은 사소한 의견 차이만 나도 다툽니다. 모둠 결과 보고서의 표지제목 색을 정하는 것과 같은 사소한 일에도 서로 다른 의견을 내놓습니다. 대화와 타협에 익숙하지 않은 아이들은 자기의 주장만 고집합니다. 친구들의 지지를 받지 못한 아이는 금세 토라집니다. 앞으로 진행될 모든 활동에서 손을 뗍니다.

셋째, 고자질도 아이들의 감정을 상하게 합니다. 아이들은 서로 친한 사이임에도 불구하고, 친구의 잘못을 선생님에게 고자질합니다. 상대 친구의 감정은 고려하지 않습니다. 고자질 당한 친구도 물러서지 않습니다. 감정이 상한 상태로 하루를 보내다 사소한 일에도 다툽니다. 다툼의 직접적인 원인은 따로 있지만, 아이들의 말에서 아침의 고자질이 시작점이었음을 알 수 있습니다.

넷째, 욕설은 아이들을 흥분하게 만듭니다. 아이들은 자신에게 욕하는 상대방을 용서하지 않습니다. 그러다 신체 다툼으로 이어지기도 하고, 공격적인 말로 다투기도 합니다.

"선생님, 지훈이가 먼저 욕했어요."

"정현이가 먼저 저를 때렸어요."

아이들은 서로 너무 억울합니다. 누가 먼저 욕했는지는 관심이 없습니다.

아이들이 다퉜을 때, 선생님의 역할이 중요합니다. 선생님이 아이들의 갈등이나 다툼을 서툴게 대처하면 아이들은 해결되지 않은 불편한 마음을 계속 가지고 생활합니다. 반면, 갈등을 좋게 해결한다면 아이들은 바람직한 성격을 형성하고, 인간관계에서 유대감을 높인다고 합니다. 갈등을 어떻게 대처하느냐에 따라 아이의 학교생활은 크게 달라지니 절대 소홀히 할 수 없는 문제입니다.

다툰 아이들은 혼날 것이 분명한데도 선생님을 찾아옵니다. 억울한 아이들은 흥분해서 자기 입장만 얘기합니다. 이때 선생님은 재판관이 아니라 중재자가 되어야 합니다. 한쪽이 일방적으로 잘못한 다툼은 없으니까요. 지금부터 선생님이 해야 할 일에 대해 말씀드리겠습니다.

먼저 이야기를 나눌 장소를 찾아야 합니다. 조용한 장소를 찾아서 차분하게 들을 준비가 되면 아이들의 흥분도 가라앉습니다. 이때 다툼의 당사자들, 주변에 있었던 아이들의 의견을 모두 들어야 합니다. 만약, 조용한 장소가 없다면, 교실 한쪽에서 다른 아이들의 접근을 막은 후 이야기를 나눠야 합니다.

그다음, 말할 순서를 정해주고, 사건에 대해 아이들의 이야기를 듣습니다. 조금 덜 흥분한 아이의 이야기를 먼저 듣습니다. 흥분한 아이는 상대 아이가 이야기할 때 더 흥분해서 끼어들려고 할 것입니다. 차분히 끝까지 들을 수 있도록 합니다. 선생님은 먼저 이야기한 아이의 말을 다시 정리해서 아이들에게 들려줍니다. 선생님이 사실과 다르게 이해한 부분이 있는지 확인합니다. 그다음 아이의 말과 주변 친구들의 말을 듣고 이 과정을 반복합니다.

이렇게 이야기를 모두 종합해서 아이들에게 들려준 후, 판결은 아이들 스스로 하게 합니다. 제 경험에 비추어 보면, 아이들은 이야기를 나눌 때 이미 자기가 억울한 부분과 잘못한 부분을 구분해서 알고 있습니다. '이 부분에서 네가 잘못했지?'라고 선생님이 판결 내리지 말고 이렇게 말해보세요.

"혹시 지금까지 이야기 중에 사실과 다른 부분이 있어? 너희들이 억울한 부분도 있고 잘못한 부분도 있는 것 같은데……."

아이들은 스스로 잘못한 부분을 말합니다. 서로 잘못한 부분이 있으니 억울한 부분도 사라집니다.

더 이상 억울하지 않은 아이들에게 선생님이 사과를 권할 필요는 없습니다.

"친구들과 다툴 수 있어. 선생님은 친구끼리 다투고 난 다음 어떻게 해결하는지가 더 중요하다고 생각해. 선생님 앞에서 사과할 거야? 아니면 둘이 얘기해 볼 거야?"

대부분은 둘이 같이 나갑니다. 교실 문을 나가기도 전에 서로 어깨를 쓰다듬습니다. 마음이 풀어지니 사과도 쉽게 이루어집니다.

선생님은 이 과정을 요약해서 교사일지에 남겨야 합니다. 이 기록으로 아이들의 성향을 파악할 수 있고, 추후 학부모 상담 자료로도 활용할 수 있습니다. 만약, 다투는 중에 몸에 상처가 났다면 꼭 부모님께도 알려주세요. 아이의 상처를 보고 아이를 추궁하여 얻은 사실은 왜곡될 수 있습니다. 정확한 상황을 전달하고, 해결 과정까지 차분히 말씀드리면 대부분의 부모님은 대수롭지 않게 이해합니다. 대화의 마지막에는 꼭 이렇게 해주세요.

"가벼운 상처지만 흉이 남을까 봐 걱정되어서 보건실에 다녀왔어요. 보건 선생님께서도 괜찮을 거라고 하셨어요. 집에서 살펴보시고 약 잘 발라주세요."

(예시) <관찰일지 - 지훈이와 정현이의 다툼>	
1. 발생일시 :	2023년 ○월 ○일 2교시 쉬는 시간
2. 내용	지훈이 주장 : 정현이가 주먹으로 어깨를 때리고, 다리를 발로 찼음. 지훈이는 성진이가 놀리자 성진이에게 '아이 씨'라고 한 것임. 정현이 주장 : 지훈이가 먼저 '아이 씨'라고 먼저 욕함. 지훈이도 팔로 목을 감고 조름. 주변 친구가 본 내용 : 성진이도 지훈이의 의견이 맞다고 함. 사건 정리 : 지훈이, 성진이, 정현이가 보드게임 하던 중 성진이에게 한 말을 두고 정현이가 자신에게 한 것으로 오해함. 지훈이는 평소에 다른 친구들에게도 '아이 씨'란 말을 자주 사용하고 정현이에게도 그런다고 함. 정현이가 오해한 것임을 인정함. 지훈이에게 '아이 씨'란 말을 하지 말라고 함. 오해가 풀리고 다시 원래대로 잘 지냄 학부모 전달 내용 : 정현이 목에 쓸린 듯한 상처가 있어 보건실에 들렀던 일과 오늘 사건에 대해 잘 설명함. 지훈이 언어 습관도 말씀드림.

다툼을 아무리 잘 해결했다고 하더라도 다툼이 없는 교실이 더 좋습니다. 제가 저경력 교사였을 때 선생님과 같은 질문을 선배 선생님께 했을 때 이렇게 말해주셨습니다.

"아이들과 같이 놀아. 아이들은 선생님이 있는 곳에서 싸우지 않으니까. 나중에는 자기들끼리 놀아도 별로 안 싸우더라고. 선생님이 바쁘면 아이들은 이상하게 문제를 만들어. 차라리 그냥 같이 놀아. 다툼을 해결하는 시간이 더 오래 걸리니까."

지금까지 그 선배 선생님의 말씀을 따라 아이들과 시간을 보냅니다. 그래요. 선생님이 곁에 있다고 느끼는 아이들은 다투지 않습니다.

다퉜어도, 잘못을 저질렀어도 아이는 아이입니다. 아이는 처벌의 대상이 아닙니다. 아이들의 다툼에 '또?'라고 두 눈을 치켜뜨기보다 '그럴 수도 있지'라고 생각하면 선생님의 감정 개입 없이 차분하게 해결할 수 있습니다. 야누시 코르착은 『아이들』이란 책에서 "'잘못했어요.'란 말을 들으려는 대신 어른의 따뜻함을 보여주세요'라고 말합니다. 교실에서 어른의 따뜻함이란 아이들의 말을 잘 들어주는 선생님이라고 생각합니다. 아이들의 말을 잘 들어주세요.

❗ 후배 선생님이 들려주는 교실 이야기

매일 다투고 이르는 아이들을 보면서 '우리 애들은 왜 이럴까? 내가 잘못하고 있는 걸까?'라고 자책했습니다. 선생님과 이야기를 나누고 '다툴 수도 있지. 애들이니까'라고 마음가짐을 달리했어요. 그리고 선생님의 말씀 중에 세 가지를 꼭 실천하기로 했어요.

1. 아이들과 놀아주기
2. 아이들 다툴 때 짜증 내지 않기
3. 이야기 잘 들어주기

저희 반에 매일 말다툼을 유발하는 아이가 있어요. 아무리 타이르고 혼내도 다른 친구들과 쉽게 섞이지 못했지요. 말투도 공격적이었고요. 쉬는 시간에 그 아이와 같이 놀았습니다. 가끔 선생님 앞에서도 습관적으로 공격적인 말이 나왔지만 스스로 흠칫하며 자제하더라고요.

선생님 말씀이 맞아요. 그 아이 주변에서 발생하는 사소한 다툼을 해결하는 시간보다 같이 노는 시간이 더 짧아요. 아이들도 감정 소모하지 않아서 좋고요. 매일 매시간 놀아줄 수 없지만, 시간 나는 대로 같이 놀아주려고 해요.

수업 방해,
이렇게 대응해요

Q 선생님, 수업 시간에 질문하면 큰 소리로 대답하는 아이가 있어요. 적극적인 것은 좋은데 목소리가 너무 커서 수업에 방해될 때가 많아요. 덩달아 다른 아이들 목소리도 커지는 것 같아요. 어떻게 하면 좋을까요?

'수업 방해'란 본인뿐만 아니라 다른 아이들의 학습을 방해하는 문제 행동을 말합니다. 교육학자 놀팅(Hans-Peter Nolting) 교수는 그의 저서 『수업 방해』에서 능동적 수업 방해, 수동적 수업 방해, 학생 간 상호작용 방해로 교실 속 수업 방해 행동을 구분했습니다.

첫째, '능동적 수업 방해'는 수업을 시작하려고 해도 쉬는 시간의 대화나 행동을 멈추지 않고 떠들기, 자기 의견을 큰 소리로 이야기하기, 수업 중 자리에서 일어나 움직이기, 선생님이 설명할 때 끼어들어 말하기, 주변 학생들을 웃기고 자신이 주목받기 위해서 수업 내용과 관련 없는 말하기, 선생님이 지시하는 수업 활동을 빠르게 마무리하고 떠들기, 책상을 두드리거나 발 굴러 소음 만들기 등을 말합니다.

둘째, '수동적 수업 방해'는 선생님의 기대에 미치지 못하는 아이들의 행동을 말합니다. 수업 시간에 필요한 과제 안 하기, 수업 준비물 가져오지 않기, 수업 내용에 집중하지 않고 그림 그리거나 낙서하기, 선생님이 지시한 학습 활동 이행하지 않기, 교과서 정리 대충하기, 비스듬히 책상에 엎드려 있기 등이 있습니다.

셋째, '학생 간 상호작용 방해'는 수업에 직접적인 행동으로 나타나지 않지만, 학생 사이에서 일어나는 따돌림이나 괴롭힘이 수업에 영향을 주는 경우를 말합니다. 특정 아이와 모둠 활동을 함께 하기 싫어하는 것, 활동 수업에서 의도적으로 특정 아이를 끼워주지 않는 것들이 해당합니다.

수업 방해 행동이 나타나면, 선생님이 꼭 개입해야 합니다. 아이들의 수업 방해 행동을 적절히 지도하지 않고 그대로 두면, 수업 방해 행동을 하는 아이들이 반 분위기를 주도하게 됩니다. 나머지 아이들도 시간이 지나면서 점점 그 분위기에 적응하고, 결국 수업 방해 행동을 같이하게 됩니다. 수업은 산만해지고 소란스러워지겠지요. 또 과제를 하지 않거나 수업받기 싫어하는 아이들이 많아질 경우, 다른 아이들도 자연스럽게 그렇게 행동합니다. 수업 방해 행동이 학습되어 나쁜 영향을 준 것입니다.

교실에서 수업 방해 행동을 허용하는 선생님은 없을 것입니다. 선생님도 그동안의 경험을 바탕으로 아이들을 대하겠지요.

"상현아, 교과서는 쉬는 시간에 미리 준비해야지."

"정민아, 목소리를 조금 작게 해야지!"

"민서야, 숙제했어? 수업 시간 전까지 꼭 해야 해.

아마 이렇게 말했어도 일시적인 행동 감소는 있었겠지만, 문제 행동이 개선되지 않고 계속 반복되었을 것입니다. 왜 그랬을까요?

사회 이론가 야곱 쿠닌(Jacob S Kounin)은 아이들의 수업 방해 행동에 즉각적으로 대응하는 것보다 예방이 더 중요하다고 말합니다. 수업 방해 행동을 줄이는 효과적인 방법은 선생님의 행동 변화를 통해 그 행동이 일어나지 않게 하는 것이라고 해요. 수업 방해 행동이 일어날 때 선생님의 즉각적인 반응은 수업 방해 행동을 일시적으로 중단시킬 수는 있겠지만, 그 효과가 계속 유지되지 않았던 이유는 바로 초점을 잘못 맞추었기 때문이었습니다.

저는 쿠닌의 조언을 우리 교실에 적용해 보았습니다. 제가 수업 방해 행동을 하는 아이들을 한 명씩 지적하지 않고, 잔소리를 멈춘 순간 우리 교실에도 변화가 찾아왔습니다. 우리 교실에 적용한 순서와 그 내용을 소개하겠습니다.

가장 먼저 한 일은 수업 방해 행동이 무엇인지 아이들과 함께 알아보는 것이었습니다. 아이들에게 수업 방해 행동이 무엇인지, 그 행동을 선생님과 다른 친구들은 어떻게 생각하고 있는지 이야기 나누었습니다.

"우리 반 수업은 흐름이 자꾸 끊겨요. 여러분도 느꼈을 거예요. 왜 그럴까요?"

"애들이 떠들어서 너무 시끄러웠어요."

"선생님 목소리가 하나도 들리지 않았어요."

아이들도 선생님 못지않게 잘 알고 있습니다. 어떤 친구들은 자신이 하는 행동인지도 모르고 수업 방해 행동을 줄줄이 말합니다. 그때 교실 분위기를 생각하고, 수업 방해 행동에 관한 생각도 말해줍니다.

학급 규칙과는 별도로 수업 방해 행동에 대한 규칙을 만들어, 아이들의 시선이 가장 많이 머무는 곳(컴퓨터 배경 화면, 학급 게시판)에 게시했습니다.

● 쉬는 시간에 교과서 미리 준비하기

- 연필 3자루 미리 깎아 놓기
- 선생님 설명할 때 끼어들어 말하지 않기
- 자신의 의견을 말하고 싶을 때 손들기
- 다른 사람의 의견을 끝까지 듣기
- 숙제 안 했으면 아침 시간이나 쉬는 시간에 하기
- 수업 준비물 없으면 미리 선생님께 말씀드리기

수업 중 선생님이 아이들의 모든 상황을 놓치지 않고 지켜보고 있다는 선생님의 의지를 보여줬습니다. 컴퓨터 책상에서 일어나 아이들 사이를 돌아다니며 수업했습니다. 학습지 활동을 하는 아이들을 한 명씩 보며, 잘한 부분을 칭찬했습니다. 조금 더 고민해야 할 부분도 찾아줬습니다. 선생님이 가까이에서 보고 있으니 손장난 하는 아이, 무기력하게 엎드려 있는 아이, 앞뒤로 친구들과 떠드는 아이, 옆 친구들과 장난치는 아이들이 행동의 변화를 보이기 시작했습니다. 선생님이 보고 있는데 그 행동을 계속할 수는 없으니까요.

선생님이 자신들의 모든 학습 활동을 꼼꼼하게 검사한다는 것을 알게 했습니다. 글자부터 내용까지 확인했습니다. 단원을 마무리하면, 교과서에 수업 내용이 잘 정리되어 있는지 검사했습니다. 글쓰기 과제는 잘한 부분과 부족한 부분을 찾아 구체적으로 의견을 적어주었고, 사소한 학습 활동들도 확인했습니다. 아이들은 자신들의 학습 활동을 선생님이 틀림없이 확인한다는 확신이 드니까 수업에 집중할 수밖에 없습니다.

그런데 교사도 수업을 방해한다는 사실을 알고 계시나요? 놀팅 교수는 선생님이 스스로의 수업을 방해하고 있다고 지적합니다. 수업 방해 행동에 긴 잔소리를 하더라도 사실 선생님의 기대만큼의 효과가 없다는 것을 우리는 경험상 알고 있습니다. 그러므로 수업 중에는 비언어적 신호(간단한 손짓, 시선 처리 등)로 지도하고, 잠시 기다렸다가 쉬는 시간에 그 아이와 이야기 나누는 것이 좋습니다. 여기에 더하여 수업 시간에 학습 교구나 학습지를 나누어 주거나 걷는 시간도 수업을 지연시키는 행동이므로 최소화해야 합니다.

어떤 행동이 수업을 방해하는지 사실 모호할 때도 많습니다. 선생님의 성향과 아이들을 바라보는 선생님의 주관적인 판단에 달려 있습니다. 선생님의 질문에 큰 소리로 대답하는 것을 수업 방해 행동으로 볼 수도, 적극적인 수업 태도로 볼 수도 있습니다. 때로는 선생님과 아이들의 입장에도 차이가 있습니다. 자기 역할을 재빠르게 마무리하고 주변 친구들과 이야기하는 아이들은 스스로의 행동을 수업 방해라고 생각하지 않습니다. 그런데 선생님은 문제 행동으로 보고 있지요.

이러한 이유로 저는 수업 방해 문제 행동에 초점을 맞추기보다 예방적 접근이 중요하다고 생각합니다. 수업 시간에 일어나 아이들 보기, 적절한 긴장감 주기, 훈육 같은 수업 후에 하는 선생님의 간단한 행동 변화가 수업에 집중하는 교실 분위기를 만들어 줄 수 있습니다. 수업 방해 행동에 대해 고민하고 있다면 수업 규칙을 바로 세우고, 교사 자신의 행동도 스스로 성찰해보는 것이 좋을 것입니다.

! 후배 선생님이 들려주는 교실 이야기

선생님과 대화하면서 제 머릿속에 강렬하게 남은 말은 이 두 가지였습니다.
"아이들과 수업 방해 행동에 대해 이야기 나눠 보세요."
"선생님이 스스로 수업을 방해하고 있어요."

교실에 가서 수업 중에 일어나는 아이들 행동을 문장으로 표현해 봤습니다. 문제 행동으로 볼 수 있을 것을 분류하여 묶어 봤습니다. 자신들의 행동임에도 불구하고 옳지 않은 행동이라고 화를 내는 아이들을 보니 웃음이 나왔습니다. 수업 규칙을 만들었습니다. 많으면 기억하지 못할 것 같아 꼭 세 가지만 지키자고 했습니다.

   1. 수업 시간이 되면 교과서, 연필 준비하고 자리에 앉기.
   2. 말하고 싶으면 손들기
   3. 숙제를 안 했거나, 수업 준비물 없으면 미리 말하기

여기에 '선생님 잔소리 안 하기'를 스스로 추가했습니다.
아이들은 자신들의 행동이 수업에 방해된다는 사실을 알고 항상 '아차'하며 주위를 살핍니다. 저도 잔소리를 하려다가 '아차'하고 멈춥니다.

선생님의 따뜻한 말이
아이를 바꿔요

Q 선생님, 오늘은 숙제 안 해오는 아이에게 화를 냈어요. 오늘까지 숙제 꼭 한다고 약속했는데, 그냥 온 아이를 보니 화가 났어요. 고개를 푹 숙이고 숨죽이며 자리로 돌아가는 아이를 보니 아이가 상처받았을까 봐 화낸 것이 후회돼요. 이럴 때는 어떻게 해야 할까요?

우리 교실에도 그 일이 똑같이 일어났습니다. 아침에 등교하는 지훈이의 표정이 어둡습니다. 제 얼굴을 제대로 보지 못하고 자리에 앉습니다. 선생님 얼굴을 보자마자 숙제가 생각난 모양입니다. 집에 가서도 숙제가 있을 것이라는 사실을 까맣게 잊고 동생이랑 신나게 게임을 한 것입니다.

"또 안 했어? 숙제 꼭 한다고 약속했잖아?

저는 숙제 안 해온 아이에게 화가 났을까요? 아니면 약속을 지키지 않은 아이에게 화가 났을까요?

선생님들은 아이들의 부적절한 행동에 민감하게 반응합니다. 아이의 실수와 잘못을 지적하고, 올바른 행동으로 바꿔주는 것이 교사의 의무라고 생각합니다. 바른 행동이 곧 바른 성장이라고 믿습니다. 바르지 못한 행동이 그릇된 성장으로 이어질 것이라고 질책합니다.

아이들의 잘못을 지적하고, 행동을 수정하려는 선생님의 말은 대부분 공격적입니다. 말투는 차갑습니다.

"내가 교실에서 뛰지 말라고 했지! 도대체 몇 번을 말해야 알아들어?"

"또 숙제 안 했어? 약속을 지키지 않으면 거짓말쟁이야."

"그것밖에 못 해? 다른 애들은 더 많이 쓰잖아. 쉬는 시간에 놀지 말고 해."

"금방 말했잖아. 선생님이 한 설명을 듣긴 한 거야? 맨날 손장난만 하니까 모르지."

"왜 또 떠들어? 입을 좀 쉬면 안 돼?"

이 과정에서 자신의 행동이 잘못되었다고 인정하지 않는 아이들이 있다면, 선생님들은 흥분하고 화를 냅니다. 아이를 훈계하는 과정에서 처음 원인이 되었던 부적절한 행동은 잊고, 현재 상황에 더 흥분합니다.

그러나 선생님들의 거친 반응은 상황을 개선하기보다 더 악화시킵니다. 선생님들의 화는 고스란히 아이에게 전달됩니다. 아이는 단지 숙제를 안 했을 뿐인데, 수업 시간에 잠시 손장난만 했을 뿐인데, 복도에서 친구가 쫓아와서 뛰었을 뿐인데 어느새 문제아가 되어 있습니다. 선생님이 다그쳐서 잠시 대답을 머뭇거렸는데, 갑자기 화를 내시니 아이는 무섭습니다. 선생님은 자꾸 대답을 강요합니다. 잘못했다고 말하라고, 다시는 그러지 않겠다고 말하라고 합니다. 아이의 대답은 정해져 있습니다.

상처는 주지 않으면서 할 말은 다 하는『교사의 말 연습』의 저자 김성효 선생님은 '교사의 말 한마디가 아이의 세상을 바꾼다'라고 말합니다. 아이의 잘못된 행동에 대한 즉각적인 반응에서 나오는 날카로운 말보다 따뜻한 말 한마디가 더 낫다고 말합니다. 무섭게 지적하는 선생님보다 포근하게 기다려 주는 선생님이 아이의 세상에 더 필요합니다. 잘못했지만 그 행동만 말하고,

자신을 소중한 아이라고 생각해 주는 선생님이 아이를 더 성장하게 한다고 말합니다.

교사로부터 부정적인 말을 들었을 때 아이는 혐오 정서(짜증, 미움, 불쾌), 분노(복수, 화풀이), 부당함과 수치(억울, 창피), 반성, 회피(전학, 등교 거부)의 반응을 보인다고 합니다. 반면에 교사의 긍정적인 언어의 사용은 아동의 학교생활에 잘 적응하게 하고, 문제 행동을 감소시킨다고 합니다. 긍정적인 언어는 교사와 관계를 개선하여 학습 효과를 높인다고 합니다. 그래서 교사의 말이 중요합니다.

이제 선생님들은 아이의 마음에 상처 하나 남기지 않고, 아이를 더 성장시키는 말을 고민해야 합니다. 교실에서 선생님이 할 수 있는 따뜻한 말은 생각보다 많습니다. 따뜻한 말은 아이의 마음뿐만 아니라 선생님의 마음까지도 포근하게 만들어 줄 것입니다. 제가 아이들에게 했던 따뜻한 말들을 소개합니다.

	차가운 말		따뜻한 말
수업	너 오늘도 준비물 안 가져왔어?	→	준비물을 깜박했구나. 오늘은 선생님 것 쓰고, 다음부터 꼼꼼히 챙기자.
	숙제 또 안 해왔어?	→	어제 무슨 일 있었어? 그래서 숙제를 못 했구나. 수업 시간 전까지 시간 날 때 조금씩 해.
	넌 그렇게밖에 발표를 못 하니? 목소리가 하나도 안 들리잖아.	→	선생님이 들을 수 있을 정도로 소리를 조금만 더 크게 해줄래?
	그것밖에 못 해? 다른 애들은 더 많이 쓰잖아.	→	이 부분을 조금 더 보충했으면 좋겠는데, 넌 어떻게 생각하니?
	아까 설명했잖아. 이렇게 쉬운 것도 몰라?	→	어느 부분이 이해 가지 않는지 말해주면 다시 설명해줄게.

	차가운 말		따뜻한 말
수업	조용히 좀 해. 너 때문에 수업이 제대로 되지 않아.	→	적극적으로 대답하는 것은 좋지만 조금 목소리를 작게 해줄래?
	수업 시간에 그림만 그리고 있으니까 하나도 모르지! 안 집어넣어?	→	그림은 쉬는 시간에 그려도 되지 않을까?
	왜 맨날 삐딱하게 앉아 있어? 수업 안 들으려고 작정했구나.	→	삐딱하게 앉으면 건강에도 좋지 않아. 바르게 앉아 볼까?
	왜 이렇게 정리를 안 하니? 너 때문에 교실이 지저분해 보이잖아!		책상 위에 꼭 필요한 것들만 있으면 깔끔해 보일 것 같아.
	지렁이가 기어가는 것 같아. 하나도 못 알아보겠네. 처음부터 다시 써!	→	띄어쓰기하면서 조금만 천천히 써 봐. 그러면 훨씬 보기 좋을 거야.
	넌 쉬는 시간에 뭐 하고 수업하려고만 하면 일어나니?	→	앞으로는 쉬는 시간에 미리 준비하면 좋겠어.
생활 지도	넌 맨날 늦니? 너 때문에 아침 분위기가 흐트러지잖아?	→	오늘 아침에 무슨 일 있었어? 내일은 조금 일찍 출발해 보자.
	너 또 친구랑 싸웠어? 너는 왜 맨날 싸우니?	→	친구랑 무슨 일 있었어? 무슨 일이 있었는지 차분하게 말해줄래?
	왜 맨날 복도에서 뛰어? 한번 말하면 듣지를 않아. 선생님 무시하니?	→	복도에서 뛰면 친구들도 너도 다칠 수 있어. 천천히 걸어 다니자.
	넌 왜 이렇게 덜렁대니? 또 우유 흘렸어? 저리 비켜.	→	괜찮아. 다음에 조심하면 되지. 다만, 실수한 부분은 책임지고 깨끗하게 치워야 해.
	넌 편식이 왜 이렇게 심하니? 안 크려고 작정했구나?	→	먹기 싫은 반찬도 두 젓가락은 꼭 먹어볼까?

아이를 비난하는 차가운 말은 '너의 행동은 너 때문이야'라는 질책이 담겨 있습니다. 그러나 따뜻한 말은 '너의 행동은 이유가 있을 거야'라는 이해가 담겨 있습니다. 아이들은 선생님의 표정만 봐도 어떤 말이 선생님의 입에서 나올지 짐작합니다. 아이들도 자신이 잘못한 것을 알고 있습니다. 혼날 줄 알고 잔뜩 긴장한 아이에게 선생님의 따뜻한 말을 들려주면 어떨까요?

아이들은 얼마든지 잘못된 행동을 합니다. 아직 어리니까요. 선생님은 아이가 무엇을 어떻게 잘못했는지보다 왜 그렇게 행동했는지에 관심을 보여주세요. 아이에게 억울한 부분이 있는지 살펴주세요. 아이의 부족한 면이 보인다면 아이가 무엇을 하지 않았는지보다 무엇을 했는지에 관심을 더 가져주세요. 결과를 보고 다른 친구들과 비교하기보다 아이가 할 수 있었던 부분과 더 할 수 있는 부분을 찾아주세요. 무엇보다 선생님의 따뜻함을 보여주세요.

❗ 후배 선생님이 들려주는 교실 이야기

선생님, 혼나고 자리로 돌아가는 아이의 표정을 봤어요. 저의 마음을 아프게 했던 것은 그 아이의 눈에서 아무 감정이 느껴지지 않았던 거예요. 이 아이는 지금까지 계속 혼났을 거예요. 이전 학년 선생님도 그랬을 것이고, 집에서 부모님께도 혼났겠지요. 이 아이는 누구에게도 따뜻한 말을 기대하지 않을 것이고, 혼나는 것이 일상적인 일이 되었을 것입니다.

아이에게 했던 저의 차가운 말에 아이가 변하지 않는다면, 따뜻하게 대해주려고 마음먹었어요. 아이의 말을 먼저 들어봤어요. 숙제를 언제까지 할 수 있는지 스스로 선택하게 했어요. 이 아이뿐만 아니라 다른 아이들에게도 따뜻한 말을 시작해 봤어요.

아이를 바라보는 제 마음이 따뜻해졌어요. 화낼 일이 없어졌어요. 아이들이 아이들로 보이기 시작했어요. 선생님 말대로 아이는 아이니까요. 잘못할 수도 있고, 실수할 수도 있잖아요. 아이들도 자기들이 잘못한 것은 다 아니까 실수를 만회할 기회도 줘야 해요..

이렇게 하면
모둠 학습도 소란스럽지 않아요

Q 모둠 수업을 생각하면 머리가 지끈거려요. 모둠 수업이 아이들에게 도움이 되는 것은 알겠는데, 벌써 몇 명의 아이들의 모습이 머릿속에 그려져요. 어떤 아이는 친구와 장난하고, 어떤 아이는 시작부터 목청껏 소리를 질러요. 그래도 모둠 수업은 꼭 해야겠죠?

종종 모둠 활동의 어려움을 토로하는 저경력 선생님들을 만납니다.

"너무 소란스러워요. 아이들의 활동 중심이라고 하지만 아이들의 목소리가 점점 커져요. 옆 모둠의 큰 목소리 속에서 자기 모둠이 의사소통하려면 덩달아 목소리가 커져야 해요. 교실은 소란스러워지고 그것을 제지하는 저의 목소리도 커져요. 그래서 옆 반에 피해를 줄까봐 되도록 모둠 학습을 하지 않으려고 해요."

"모둠끼리 어떻게 학습이 이루어지는지 확인할 수 없어요. 학습 결과를 발표하는 시간이 있지만, 그것이 모둠원 전체 의견이라고 생각하지 않아요. 공부 잘하는 아이와 리더십이 뛰어난 아이들을 위주로 학습이 이루어진다면 모둠 학습은 의미가 없는 것 아닐까요?"

'모둠 학습을 해야 하나요?'라고 묻는 선생님들에게 저는 단호히 '모둠 학습은 꼭 필요합니다'라고 말합니다. 개별학습보다 다소 소란스럽지만, 모둠학습은 분명한 학습효과가 있습니다.

먼저, 모둠 학습으로 나보다 더 나은 생각을 한 친구의 의견을 들으며, 더 깊게 생각할 수 있습니다. 모둠 학습은 학습 목표를 달성하기 위해 의사소통하는 과정을 포함하고 있습니다. 나의 의견을 말하고, 다른 친구들의 의견을 들으며, 가장 좋은 방향으로 생각을 결정합니다.

학생 혼자 문제를 해결하는 데 필요한 시간과 노력을 줄일 수도 있습니다. 대체로 모둠 학습은 개별학습보다 학습 분량이 많습니다. 혼자서는 어렵고 오래 걸리는 학습 과정을 모둠원대로 분량을 나누어 함께 해결합니다. 제한된 수업 시간에 다양한 활동이 가능합니다.

모둠 학습의 가장 큰 매력은 아이들이 중심이 되어 학습 활동이 활발하게 일어날 수 있다는 것입니다. 교사가 일방적으로 설명하는 수업에서는 아이들은 학습에 흥미를 잃지만, 모둠 학습을 할 때 아이들의 눈빛은 빛납니다. 아이들은 확실히 개별학습보다 모둠 학습을 좋아합니다. 자신들의 역할을 모아 만든 학습 결과물을 보면 뿌듯해합니다.

아이들이 좋아한다고 모든 시간을 모둠 학습으로 채울 수는 없습니다. 모둠 학습에 어울리는 수업 주제가 따로 있습니다. 지금까지 경험을 바탕으로 간단히 정리해 봤습니다.

〈문제 해결을 위해 의사소통 및 자료 조사 학습〉
- 도시 및 농촌 문제의 해결 방법 탐구
- 물 절약 실천 캠페인을 위해 우리가 할 수 있는 일에 대한 아이디어 공유
- 심청이는 효녀인가?'와 같은 토론 수업의 사전 자료 조사
- 지역 관광 상품 소개하기와 같이 항목이 다양한 주제의 소개 자료 만들기

- 학생이 만드는 단원 마무리 평가
- 교과서 글을 여러 갈래의 글로 바꿔쓰기 등

<다수의 인원이 필요한 학습, 혼자 할 수 없는 학습>

- 시대별 역사 인물 연대표 만들기
- 학습 신문 만들기
- 재활용품을 활용한 대형 구조물 만들기
- 협동화 꾸미기　　● 상황 역할극　　● 시장 놀이
- 연산 땅따먹기와 같은 수학 단원 마무리 놀이 활동
- 내가 쓴 글 돌려 읽고 고쳐 쓰기
- 모둠 글쓰기
- 미술 전시회 (미술가 작품 소개 등 감상 수업) 등

<또래 선생님이 필요한 학습>

- 리코더 연주　　● 종이접기　　● 과학 KIT 만들기
- 줄넘기 미션 수행 등과 같은 체육 기능 습득 등

모둠 학습이 원활하게 이루어지기 위해 몇 가지 노력이 필요합니다.

첫째, 선생님의 의도를 반영하여 모둠을 구성해야 합니다. 성별, 학업 성적, 수업 참여도, 리더십 등을 고려하여 모둠을 편성합니다. 모둠마다 주도적으로 학습을 이끌어가는 아이를 배치하고, 그 아이를 도울 친구들을 넣습니다. 평소 성향으로 판단하여 모둠 학습에 소극적인 아이들을 여러 모둠에 분산하여 배치합니다.

둘째, 모둠 학습을 위한 훈련이 필요합니다. 교사가 학습 문제와 학습 방법을 안내하면 그다음 활동은 아이들의 몫입니다. 교사는 아이들 학습 활동을 격려할 수 있지만, 그 내용까지 관여할 수 없습니다. 아이들 중심의 학습이 제대로 이루어지려면 다음과 같은 학습훈련이 꼭 선행되어야 합니다.

1. 모둠 역할 정하기 (한 아이가 두 가지의 역할을 할 수 있습니다.)

- 친구들의 생각을 모으고 모둠 학습을 주도하는 이끔이
- 과제를 올바른 방향으로 진행하는지 확인하는 점검이
- 모둠의 목소리를 낮추는 조용이
- 선생님께 질문하고 다른 모둠과 의견을 나누는 협력이
- 기록이, 나눔이 등

2. 의견 말하기 / 의견 정하기

- 이끔이가 질문하면 아이들이 순서대로 자기의 의견을 말합니다. 3단계 의견 모으기를 소개합니다.

1단계	2단계	3단계
생각나는 모든 의견 말하기 (황당한 의견도 수용하기)	1단계 의견의 실현 가능성 판단하여 의견 줄이기	2단계 의견의 장단점을 파악하고 적합한 의견 정하기

3. 모둠 대화하기

- 모둠 학습에서 30cm 목소리를 강조합니다. 30cm의 거리에서 말하고 들을 수 있을 정도로 낮은 소리로, 서로 얼굴을 맞대고 의사소통을 하라는 것입니다. 우리 모둠의 목소리가 크지 않으면 다른 모둠의 목소리도 커지지 않습니다.

4. 갈등 해결하기

- 아이들 스스로 하는 학습에서는 당연히 갈등이 생깁니다. 중재자를 미리 불러 갈등을 해결하는 방법을 훈련합니다.
- 문제점을 돌아가며 말하기 → 대화 속에서 갈등이 있는 아이들 스스로 해결방법 찾기 → 중재가 안 될 때는 선생님께 말하기

5. 과제 정리하기 / 발표 준비하기

- 모둠 결과물은 아이 개개인의 활동 결과를 모아 만듭니다. 이때 결과를 새롭게 만들어 정리하기보다 개인의 학습 결과물을 순서에 맞게 붙입니다. 무임승차를 방지할 수 있습니다.

셋째, 학습 과제를 세분화해야 합니다. 모둠원들이 동등하게 과제를 분담할 수 있도록 모둠원 수만큼 제시해야 합니다. 예를 들어보겠습니다.

| 도시 문제 해결 방법 탐구 | ⇨ | 환경오염 문제 주택 문제 교통 문제 | ⇨ | <교통 문제> - 교통혼잡 - 주차문제 - 소음공해 |

모둠원 수에 맞게 주제를 세분화하면, 아이들은 자기가 맡은 부분을 책임져야 합니다. 학습 결과물에 개인 역할이 정확하게 나타나므로 모둠 평가와 개인 평가 모두 정확하게 할 수 있습니다.

넷째, 선생님은 아이들이 모둠 활동에 더 열심히 참여할 수 있도록 유도해야 합니다. 모둠 학습이 원활한 모둠에 점심 먼저 먹기, 보드게임 우선 이용권, 선생님 학용품 이용권, 청소 구역 및 1인 1역 선택권, 다음 모둠 활동에 모둠 바꾸기 찬스 등의 보상을 제공합니다. 모둠 전체의 보상과 개인의 보상을 명확하게 제공하니 충분히 동기유발이 됩니다. 다만, 모둠 간 경쟁이 과열되어 책임을 다하지 못한 아이들에 대한 질책이 되지 않도록 아이들과 합의한 보상을 제공해야 합니다.

아이들은 모둠 수업을 즐거워합니다. 즐거우니까 소란스러운 것입니다. 아이들은 친구를 돕는 것에 인색하지 않으니, 선생님은 과제 수행을 잘하지 못하는 소극적인 아이들에 대해서도 걱정하지 않아도 됩니다. 개인 과제와 모둠 과제가 명확하게 구분되니 무임승차자는 점점 사라질 것입니다.

선생님이 해야 할 일은 아이들의 모둠 활동이 활발하게 이루어질 수 있도록 지속적으로 관찰하고 도움을 주는 것입니다. 학습 주제를 던져주고 결과를 기다리는 것이 아니라 끊임없이 아이들 사이를 돌봐야 합니다. 활동이 원만하게 진행되는 모둠에는 '그래, 잘하고 있구나'라는 격려의 눈빛을 보내주면 충분합니다. 의견 충돌이 있는 모둠이 있다면 잠시 그 모둠의 임시 모둠원이 되는 것도 좋습니다. 문제 해결의 실마리를 주는 것으로 의견 충돌은 사라질 수 있습니다.

선생님께서 제 머릿속을 훤히 들여다보셨어요. 모둠 수업을 계획하면 자기 할 일은 하지 않고 떠드는 그 아이, 친구들과 어울리지 못하고 가만히 앉아만 있을 그 아이, 처음부터 끝까지 혼자 하려고 하는 그 아이가 떠올랐어요. 소란스러운 아이들 사이에서 조용히 하라고 더 소리 지르는 제 모습이 보였고요. 선생님의 교실처럼 해봤어요.

1. 3단계로 의견을 모으는 방법을 연습했어요.
2. 과제를 나누어서 모둠 학습의 책임을 모두에게 나누었어요.
3. 새롭게 결과물을 만들지 말고, 개인 결과물을 이어 붙여서 부담을 덜었어요.

선생님, 신기해요. 분명히 모둠 학습인데, 아이들이 각자 활동했다가, 모여서 활동하고, 못한 부분은 서로 돕고 있어요. 아직도 소란스럽지만, 선생님의 눈빛에 30cm 대화를 시도하고 있어요. 이제는 경쟁이 생기지 않는 다양한 보상도 고민하겠습니다.

학급 규칙은
아이들이 만들어요

Q 선생님, 우리 학급에도 규칙이 있어요. 그런데 아이들은 학급 규칙이 없는 것처럼 행동해요. 어떻게 하면 아이들이 학급 규칙을 지키게 할 수 있을까요?

3월 첫 주가 되면 시간별로 꼼꼼하게 정리한 학급 규칙을 제시합니다.

"이것들은 꼭 지켜야 해."

아이들이 잘 기억할 수 있도록 여러 번 반복해서 강조합니다. 쉬는 시간이 되었습니다. 우리 반 아이들 몇 명이 복도에서 술래잡기합니다. 화장실 가는 아이들을 아슬아슬하게 피해서 뜁니다.

"이 녀석들, 왜 복도에서 뛰어? 복도에서 뛰지 말라고 한 것 벌써 잊어버렸어? 우리 반 학급 규칙이라고 말했잖아?"

목소리를 내지 않았지만, 아이들은 표정으로 이렇게 말하는 것 같았습니다.

'학급 규칙요? 언제요?'

초임교사로 발령받은 제가 몇 년 동안 겪은 일이었습니다.

'어떻게 하면 아이들이 학급 규칙을 잘 기억할 수 있을까? 한참이나 고민하다가 다양한 방법을 시도했습니다. 학급 담임을 맡은 첫해는 종이 한 장으로 학급 규칙을 이야기하다가, 그 이듬해는 이야기로 꾸민 파워포인트로 설명했습니다. 만화로 만들어 알려주기도 했습니다. 큰 글씨로 만들어 게시판에 붙여두었습니다. 아이들에게 전달하는 방식은 변했지만, 해가 거듭되어도 아이들의 반응은 그대로였습니다.

아직 어리다고 아이들의 '자기 결정권'을 무시했던 것이 문제였습니다. 아이들의 일은 그들 스스로 결정할 권리가 있으니, 아이들의 지켜야 할 학급 규칙도 아이들이 결정해야 했습니다. 이 사실을 알게 된 이듬해부터는 아이들과 함께 학급 규칙을 만들기 시작했습니다. 선생님이 말하지 않아도 아이들은 자기들이 지켜야 할 행동들을 잘 알고 있었습니다. 그 과정을 지금부터 소개하겠습니다.

첫째, 학급 규칙이 왜 필요한지 이야기를 나누었습니다.
"규칙은 질서를 위해 여러 사람이 지키기로 정한 약속이나 법을 말해요. 무인도에 홀로 남겨진 로빈슨 크루소 이야기 다 알고 있죠? 로빈슨 크루소에게 규칙이 필요했을까요?
"로빈슨 크루소는 식인 원주민으로부터 한 사람을 구하고, 프라이데이라는 이름을 붙여줍니다. 이때는 규칙이 필요했을까요?"
"그럼, 우리 교실에는 왜 규칙이 필요할까요?"
아이들에게 질문을 던지고, 잠시 생각하게 한 후 모두에게 답을 들었습니다. 한 사람씩 의견을 듣는 중에 아이들은 자연스럽게 규칙이 필요하다고 생각합니다.

둘째, 포스트잇을 이용하여 각자 자신이 지켜야 할 학급 규칙을 만들었습니다. 생각나는 대로 모두 적게 했습니다.

"여러분들이 지금까지 지냈던 학급의 규칙 중에서 우리 반에도 있었으면 하는 규칙이 있나요?"

"지금까지 친구들과 지내면서 불편했던 장면을 떠올려 보세요. 그 상황에 필요한 규칙이 있다면 적어 볼까요?"

"그 외 우리 반에 꼭 필요한 규칙이 있다면 적어 보세요."

이 과정은 아이들이 규칙에 대해 가장 깊게 고민하는 시간입니다. 아이들은 이미 학교에서 지켜야 할 일들을 알고 있습니다. '수업 시간에 떠들지 말아야 한다', '복도에서 천천히 걸어야 한다'라는 규칙은 수없이 들어왔습니다. 복도에서 틈만 나면 뛰어다니는 아이도 이 시간에는 '복도에서 뛰지 말자'를 적어냅니다. 아이들은 각자 적은 포스트잇을 선생님 앞에 수북이 쌓아 놓습니다.

셋째, 칠판에 붙이고 비슷한 것들끼리 분류합니다. 아이들이 쓴 규칙을 하나씩 읽으면서 칠판에 붙입니다. 개수가 많아질수록 비슷한 내용이 나옵니다. 제가 붙이기 전에 아이들이 비슷한 것들을 찾아냅니다. 붙여야 할 곳에 이미 아이들의 손가락이 향합니다. 아이들도 자신들이 기본적으로 지켜야 할 일들을 알기 때문에, 선생님이 생각한 기준에 크게 벗어나지 않습니다.

'아침 시간', '수업 시간', '쉬는 시간과 점심시간', '청소 시간', '하교 및 방과 후 시간'으로 분류될 때도 있었습니다. '선생님께 지켜야 할 것', '친구 사이에서 지켜야 할 것' 등 관계로 분류하기도 했습니다. 이것은 미리 말하지 않아도 분류가 진행되는 동안 결정됩니다. 아이들의 손가락이 향하는 곳에 붙이면 자연스럽게 분류되니까요.

선생님이 꼭 필요하다고 생각하는 규칙이 있는 경우, 분류 작업 마지막에 아이들에게 말합니다. 아이들 행동에 관한 규칙도, 선생님에 대한 규칙도 함께 말하면 좋습니다.

"선생님이 올해 여러분에게 꼭 지키고 싶은 다짐이 있어요. 한 사람이 잘못된 행동을 했다고 반 전체 활동을 중지하거나, 반 전체가 혼나는 것은 옳지 않다고 생각해요. '한 사람이 잘못했다면 한 사람만 책임진다' 이것을 학급 규칙에 넣어도 될까요?"

"선생님은 여러분의 쉬는 시간이 중요하다고 생각해요. 수업 내용이 아무리 중요해도 쉬는 시간이 시작되면 어떤 일이 있어도 수업을 멈추겠습니다. 대신 여러분도 수업이 시작되기 1분 전에는 꼭 자리에 앉아주세요. '시간 약속 잘 지키기'를 학급 규칙에 넣어도 될까요?"

선생님이 실수할 수 있는 부분을 학급 규칙으로 넣으면 선생님의 실수도 줄고, 아이들은 선생님을 새로운 시선으로 바라봅니다.

넷째, 규칙의 개수를 정합니다. 아이들이 생각한 규칙에는 도덕적으로 지켜야 하는 것들과 단체 생활에서 당연히 지켜야 하는 것들이 포함되어 있습니다.

"욕하지 않기"

"거짓말하지 않기"

이러한 것들은 아이들과 이야기를 나눈 후 규칙에서 제외합니다. 학급에서 추구하는 가치와 관련 있는 규칙을 10개 이하로 정합니다. 너무 많으면 아이들은 기억하지 못합니다. 기억하지 못하는 것은 아무리 좋은 규칙이라도 효과가 없습니다.

다섯째, 구체적이고 명확한 문구로 표현합니다. 아이들의 생각을 비슷한 것끼리 묶으면 키워드가 보입니다. 키워드를 이용하여 구체적인 행동이 포함된 문구를 만듭니다.

"경청하기"보다 "선생님과 친구들의 말, 끝까지 듣기"

"수업 준비 잘하기"보다 "쉬는 시간이 되면 다음 시간의 교과서 준비하고 쉬기"

"친절한 어린이 되기"보다 "친구에게 양보하기"

행동의 기준이 정확해야 하는 규칙도 있습니다.

"복도에서 뛰지 않기."

'뛰기'와 '걷기'는 실제 복도에서 정확하게 구분할 수 없습니다.

다른 아이들은 뛰었다고 하는데 조금 빨리 걸었을 뿐이라고 말합니다. 선생님이 보지 않았으니 판단하기 애매합니다. 학급 회의를 통해 뛰기와 걷기의 행동을 정했습니다. 아이들의 생각과 상황 판단으로 결정한 것이므로 과학적 근거는 없습니다.

"무릎이 굽혀져서 올라가면 뛰기, 앞의 사람을 빠르게 지나치면 뛰기, 빨라야 하는 의도(장난, 놀이 등)가 있으면 뛰기"

여섯째, 학급 규칙을 주기적으로 점검합니다. 국회에서 정한 법도 제정, 개정, 폐지의 과정을 거치듯 학급 규칙도 아이들의 회의를 통해 같이 과정을 거쳐야 합니다. 아이들이 습관적으로 잘 지키는 규칙은 폐지합니다. 행동이 명확하지 않아 애매한 규칙은 새롭게 바꿉니다. 아이들이 잘 지키지 않아 문제가 되는 행동이 있다면 새로운 규칙을 추가합니다.

학급 규칙 점검 활동은 분기에 한 번 실시하는 것이 좋습니다. 너무 자주 규칙이 바뀌는 것은 규칙을 기억하고 지키는 아이들에게 혼란을 줄 수 있습니다. 규칙 점검 주기가 너무 긴 경우에는 아이들 스스로 문제 행동을 규칙에 반영하기 힘듭니다.

지금까지 학급 규칙은 아이들에게 기대하는 행동이나 문제 행동을 예방하는 장치로 선생님이 아이들에게 제시해왔습니다. 아이들은 선생님이 정한 규칙을 강제로 지켜야 하는 수동적인 존재였습니다. 이제는 인식을 바꿔야 합니다. 선생님은 학급의 구성원의 한 사람으로 규칙을 제시하는 절대적인 자리에서 내려와야 합니다. 학급 규칙은 안전하고 행복한 학급을 위해 아이들 스스로 결정하는 행동 약속이 되어야 합니다. 아이들은 선생님의 기준이 아닌 자신들의 기준으로 정한 학급 규칙을 더 잘 기억하고 더잘 지킬 것입니다.

> ## ! 후배 선생님이 들려주는 교실 이야기
>
> 아이들이 안전하게 생활할 수 있도록 시간별, 장소별로 꼼꼼하게 아이들의 행동 규칙을 정해주는 것이 선생님의 역할이라고 생각했었습니다. 선생님과 이야기를 나누고 우리 반 학급 규칙에 대해 곰곰이 생각해 봤어요. 부끄럽게도 하나같이 '~하면 안 된다'로 아이들의 행동을 규제하는 것밖에 없었어요. 아이들을 잠재적인 문제아들로 생각하는 학급 규칙이었습니다.
>
> 아이들에게 새롭게 규칙을 만들어 보자고 했어요. 처음에는 반응이 별로 좋지 않았습니다. 이전 규칙에 새로운 규칙을 추가하는 것으로 생각했나 봐요. 선생님께서 말씀해 주신 방법대로 차근차근 해봤더니 아이들이 저의 마음을 이해해 주기 시작했습니다. 이전 자기들의 규칙을 선생님이 정해준 것에 대한 앙갚음으로 선생님이 지켜야 할 규칙도 추가했습니다.
>
> "화나도 조용히 말하기", "쉬는 시간까지 수업하지 않기"
>
> 아이들도 선생님도 학급 구성원으로 동등한 권리를 갖게 되었습니다.

아이들의 일은
학급 자치로 결정해요

Q 담임 선생님이 아이들의 행동을 정해주기보다 아이들이 하고 싶은 일을 스스로 생각하고 행동하는 교실을 만들고 싶어요. 가능할까요?

선생님, 아이들이 자기의 일을 스스로 결정하고 행동하는 교실을 원하신다면 지금 바로 시작해 보세요. 학급의 일을 선생님이 판단하여 결정하지 말고 아이들의 생각을 들어보세요. 학급에서 일어나는 일들을 하나씩 아이들에게 맡겨보세요. 처음에는 의견을 모으기도 쉽지 않아 다소 소란스러워도 조금만 기다려 주세요. 한 가지 일을 스스로 해낸 아이들은 다른 일들도 훌륭하게 해낼 것입니다. 우리 반 학급 자치도 그렇게 시작했습니다.

'깨끗한 환경부' 장관이 친구들에게 전할 말이 있다고 합니다.

"선생님, 청소 시간에 깨끗하게 교실을 쓸어도 친구들이 하교하고 나면 먼지와 지우개 가루가 그대로 남아 있어요. 이것에 대해 친구들과 같이 얘기하고 싶어요."

교육과정 창체 시간을 학급 자치 회의로 여유 있게 넣어서 다행입니다.

환경부 친구들은 깔끔하게 청소하는 방법을 발표합니다.

"첫째, 책상 위에 있는 것들을 모두 정리하고, 책상 위 지우개 가루를 모두 처리해요. 둘째, 책상을 살짝 빼서 다리 아래 먼지와 지우개 가루를 모두 쓸어요. 셋째, 책상 줄을 맞춰주세요. 혹시 연필 자국이 있으면 지우개로 지워주세요."

"여러분이 모두 집에 간 후 환경부에서 점검한 후 청소가 잘 된 친구들에게 혜택을 주도록 하겠습니다."

환경부 친구들은 다양한 혜택을 준비합니다. 사다리 게임, 뽑기판을 준비해서 청소기 사용권, 청소 면제권, 1일 청소 감독권, 간식, 학용품, 보드게임 우선 이용권 등을 제공합니다. 앞으로는 깨끗한 교실을 볼 수 있을 것 같습니다. 환경부의 활동을 본 다른 부서들도 쉬는 시간이면 삼삼오오 모여서 새로운 일을 계획합니다. 덕분에 교실에 활기가 생깁니다. 쉬는 시간에 놀기 바쁜 어린아이들인데 놀이를 포기하고 회의에 열심입니다. 왜 그럴까요?

'아이에게 권력을'이라는 가족 관찰 예능 프로그램이 tvN에서 방영된 적이 있었어요. 엄마, 아빠와 아이들의 역할을 바꾼 흥미로운 실험이었습니다. 아이들에게 가장의 역할을 주고 한 달 가족 생계비를 모두 맡겼죠. 부모들은 아이들에게 용돈을 타서 쓰며, 아이들이 정해주는 대로 생활해야 했습니다. 처음에는 어쩔 줄 몰라 당황했던 아이들이 점차 집안의 대장 역할에 적응하기 시작합니다. 아이들은 자신의 행동에 책임감을 보였고, 자기 주도적으로 변화하기 시작했습니다. 아이들을 바라보는 엄마 아빠들도 아이들을 새로운 시선으로 바라보게 되었죠. 아이를 하나의 인격체로 존중해야 한다는 것을 깨닫게 됩니다.

'아이들에게 권력을' 프로그램과 우리 교실 자치에서 기대하는 모습은 같습니다. 나와 관련된 일을 내가 가장 중요하게 생각하는 것들을 중심으로 결정할 수 있는 것이 인간의 가장 기본적인 욕구라고 합니다. 자신의 생활과 관련된 일들을 스스로 결정하고 행동하는 경험을 맛보게 해주고 싶습니다. 자신의 생각을 스스럼없이 표현하고, 의견을 나누고, 결정된 것을 실행하는 과정에서 자기를 더 소중하게 생각했으면 좋겠습니다.

우리 반 아이들이 자치 활동에 열심히 참여하는 이유를 무엇인지 짐작할 수 있겠지요? 아이들은 자신의 생활과 관련된 일을 선생님이 결정해 주지 않고, 자기들끼리 결정하면 이루어진다는 것을 알아요. TV 프로그램에서 아이들이 부모에게 가장의 권력을 받은 것처럼, 우리 교실에서 우리 반 아이들이 학급 운영에 관한 선생님의 권력을 받은 것이지요.

우리 교실에는 현재 '사랑하는 친구부', '평등한 경찰부', '성실한 학급부', '즐거운 행성부', '깨끗한 환경부'가 있습니다. 지금까지 선생님이 결정해 주던 일들을 스스로 해나갑니다. 이 부서는 이렇게 만들어졌습니다.

3월 첫 주에 아이들과 처음 만나면 학급 세우기를 합니다. 학급이 가야 할 방향을 아이들과 같이 정하는 기간이지요. 우리 반이 추구해야 할 가치도 우리 반의 이름도 정합니다. 학급 세우기의 구체적인 방법은 다른 주제에서 설명하도록 하지요. 재작년 우리 반은 우리가 주인인 반이라는 뜻으로 정의로운 우주반이었어요. 작년에는 끈기와 배려의 가치를 실현하기 위해 끝까지 노력하는 모험반이 되었습니다. 올해는 평등, 행복, 성실을 추구하는 평등행성반이 되었습니다.

아이들이 자치에 관심을 갖게 하기 위해 다양한 질문을 던졌습니다. 하나씩 의견을 물어 정했습니다.

"우리 교실에서 선생님이 결정할 수 있는 일과 여러분이 결정할 수 있는 일은 무엇이 있을까요?"

"평등행성반에서 하고 싶은 일들은 무엇인가요?"

"장관을 먼저 정하고 부서원들을 정할까요? 부서원들 사이에서 장관을 뽑을까요?"

"우리 부서에 어울리는 멋진 이름을 만들어주세요."

"우리 부서에서 하고 싶은 일을 고민해주세요. 한 가지부터 차근차근 해봐요."

부서를 만들고 나서 하루에 한 부서씩 면담을 진행합니다. 부서에서 진행하고 싶은 일의 구체적인 방법을 같이 고민합니다. 장관을 비롯한 부서원이 다른 친구들 앞에서 계획을 발표하고, 게시판에 공고합니다. 공고 기간은 보통 하루입니다. 다음 날 바로 시작합니다. 학습 게시판이 부서별 역할들로 채워집니다.

즐거운 행성부	● 보드게임 관리하기 (가정에 있는 보드게임 활용 목록 만들기 / 보드게임 구입 요구하기) ● 우리 반 체육활동 및 교실 놀이 준비 (창체 동아리 교실 놀이 준비 / 체육 보결 설문 조사) ● 우리 반 도전하기 (일주일 또는 한 달 단위로 진행) (선생님을 이겨라, 오목 토너먼트, 단체 줄넘기 등)
평등한 경찰부	● 줄 서서 이동하는 모든 순간에 질서 지킴이 ● 친구 사이에 문제가 생기면 출동하기 ● 자치법정 ● 우리말 지킴이 / 고운 말 지킴이 ● 교실 놀이 심판

사랑하는 친구부	● 교실 게시판 / 낙서판 관리하기 ● 마니또 게임 ● 학급 전체 의견이 필요한 설문조사 담당하기
성실한 학급부	● 안내장 가져오고 나누어 주기 ● 알림장에 들어갈 그날의 학습 문제 만들기 / 알림장 확인하기 ● 학급 생일 파티 준비하기 ● 학급 특색 주제 활동 제안하기
깨끗한 환경부	● 환경의 날 운영 ● 쓰레기 줄이기 운동 ● 교실 청소 / 깨끗한 바닥 만들기 ● 급식 다 먹는 날

각 부서에서 일을 진행하려면 예산이 필요합니다. 현금보다 예산 사용권을 줍니다. 선생님은 일 년 학급비를 자치 부서에 양보합니다. 각 부서 장관은 예산 사용권을 작성해서 2~3일 전에 제출해야 합니다. 선생님도 물건을 준비할 시간이 필요하니까요. 예산은 5,000원 단위로 사용할 수 있습니다.

평등행성반 예산 사용권

이 예산 사용권을 가진 사람은 선생님께 예산을 요구할 수 있습니다.

예산 사용하기 2~3일 전에 미리 제출합니다.

예산 범위	10,000원	20,000원	30,000원
사용 가능 내용	학급 필요 물품(상품, 보드게임 등), 간식 등		
예산 요구 내용			
예산 사용 날짜			
예산 요구자			(서명)

평등행성반 담임교사 유승재

우리 반에도 회장과 부회장이 있습니다. 그들의 역할은 회의 진행보다 더 중요한 것이 있습니다. 우리 반 회의는 주제에 어울리는 각 부서 장관이 진행합니다. 회장과 부회장의 역할은 다음과 같습니다.

첫째, 각 부서에서 진행하는 일들이 공정하게 진행되는지 살펴보고 이의를 제기할 수 있습니다.

둘째, 각 부서에서 해야 할 일에 의견을 제시할 수 있습니다.

셋째, 예산 사용권을 이용해 그들의 행사를 계획하고 진행할 수 있습니다.

아이들은 자신들의 일을 스스로 결정합니다. 처음에는 한 가지 일을 결정하고 실행하기도 힘들었지만, 어느새 선생님의 일을 하나씩 가져갑니다. 토의 시간이 되면 선생님도 학급 구성원의 한 명이 됩니다. 선생님이라도 아이들과 똑같이 한 표만 행사할 수 있습니다. 학급 자치에서는 무엇보다 중요한 것이 있습니다. 아이들에게 '여러분이 결정한 일은 반드시 이루어질 것입니다'라는 믿음을 주는 것입니다. 오늘도 우리 아이들은 선생님에게서 또 한 개의 권한을 가져가기 위해 머리를 맞댑니다.

! 후배 선생님이 들려주는 교실 이야기

선생님 교실과 조금 다른 모습이지만 우리 반에도 학급 자치가 있습니다. 자치 부서가 있고, 학급 임원도 있습니다. 그런데 아이들이 학급 회의를 하는 일 외에 하는 일이 없었어요. 저도 별로 대수로이 여기지 않았습니다. 교실 일은 모두 담임인 제가 결정했고, 아이들은 그것을 당연하게 여겼어요. 그것에 익숙하니까요.

이제 저는 아이들의 의견을 묻는 것부터 시작했습니다. 자리는 어떻게 앉을 것인지, 급식실 가는 순서는 어떻게 정할 것인지, 복도에서 뛴 친구에게 어떤 말을 해줄 것인지 등 일주일 내내 아이들에게 물어봤습니다. 아이들이 결정한 대로 따랐습니다. 일주일 후 선생님의 교실 이야기를 아이들에게 들려줬습니다. '우리도 한번 해볼까?'라는 물음에 아이들은 좋다고 했고, 차근차근 이야기를 나누면서 자치 활동을 시작했습니다. 우리 교실에는 '튼튼한 놀이부', '동화같은 독서부', '북극곰을 위한 환경부', '독특한 실험부', '친구 사랑부'가 생겼습니다. 물론 학급 경비도 아이들 활동 예산으로 공평하게 나누어줬습니다. 의욕이 넘치는 아이들을 보니 예산을 초과해서 선생님의 용돈이 들어가겠지만 그래도 기분은 좋습니다.

학급 화폐,
이렇게 사용해요

Q 선생님 교실에는 학급 화폐가 있는 것 같아요. 학급 화폐를 어떻게 만들게 되었는지, 그 화폐를 이용하여 어떤 활동을 하는지 소개해 줄 수 있을까요?

우리 교실 아이들은 학급 자치 부서에 소속되어 스스로 생각하고 계획한 일을 실행합니다.

"자리 바꾸기 설문 조사를 게시판에 붙였습니다. 쉬는 시간에 자신이 생각하는 곳에 스티커를 붙여주세요."

"전담시간에 떠드는 사람들이 많아졌습니다. 수업을 방해하는 사람들을 어떻게 할지 자치법정을 열겠습니다."

"이번 주 우리 반 텃밭 관리 시간에 잡초를 뽑겠습니다. 내일 아침 텃밭으로 등교해 주세요."

아이들이 선생님의 지시로만 움직이지 않고, 학급 자치로 자기들의 일을 스스로 결정합니다.

학급 자치가 익숙해지자 학급회장이 몇몇 아이들과 머리를 맞대고 새로운 일을 꾸밉니다. 자기들이 하는 일에 대한 보상 받고 싶어 합니다.

"선생님 우리도 일하고 있으니까 월급 주시면 안 되나요?"

"그럼, 선생님이 월급 주는 사장님이 되어 볼까?"

'우리 반 월급 받는 교실'은 학급 자치에서 시작되었습니다.

제일 먼저 학급 화폐를 만들었습니다. 올해 우리 반은 평등, 행복, 성실의 가치를 실현하기 위해 노력하는 '평등행성반'입니다. 그래서 화폐 단위를 '행성'으로 정했습니다. 100행성, 50행성, 30행성, 10행성, 5행성, 2행성, 1행성을 만들기로 하고 디자인을 공모했습니다.

월급 받는 규칙을 정했습니다. 최저 시급을 1행성으로 약속했습니다. 하루 한 시간, 일주일에 5시간을 기준으로 부서에 소속되어 일하면 고정월급 20행성을 지급하기로 했습니다. 여기에 일회성 업무를 계획하여 실행한 일들은 그 규모에 따라 5행성, 3행성을 지급하기로 결정했습니다.

화폐의 가치도 정했습니다. 아이들이 학급 장터와 같은 행사를 운영할 때, 실제 물건과 교환할 수 있도록 환율을 고민했습니다. 아이들이 한 달 동안 평균 30행성을 받을 수 있었습니다. 30행성으로 아이들이 원하는 간식이나 학용품을 2개쯤 구입할 수 있으려면 1행성에 200원 정도가 적당했습니다.

행성 화폐와 월급 받는 규칙을 만들자 아이들의 자치 활동이 더 활발해졌습니다. 자치 부서에서 할 수 있는 일을 찾기 시작했습니다. 부서 내에서도 일한 정도에 따라 받는 월급이 달라지니 무임승차가 사라졌습니다.

한 달이 지나 월급 협상을 하는 날입니다. 월급 명세서는 아이들이 직접 작성합니다. 우리 반 '깨끗한 환경부'에서 제시한 월급 명세서를 소개합니다.

부서 명칭	깨끗한 환경부			
한 일				
박태민	전민준	노성희	김시우	이예찬

- 청소검사 (1분단)
- 에어컨 관리
- 화분 물주기
	- 청소검사 (2분단)
	- 교실 소등
		- 청소검사(3분단)
		- 청소용품 정리
		- 구석 먼지 제거
			- 청소검사
			  (쓰레기통 주변)
			- 정전기포 청소
				- 청소검사
				  (재활용 쓰레기)

행성 월급				
30행성	25행성	30행성	25행성	20행성

이제 사장인 선생님이 나설 차례입니다. 선생님은 월급 명세서를 보고 월급을 깎으려고 합니다.

"지난 금요일에 태민이가 결석해서 선생님이 화분에 물 줬잖아요. 2행성을 차감해야 하는 것 아닌가요?"

반 전체 아이들은 태민이의 행성을 찾아주기 위해서 반박합니다.

"한 달은 5주이고, 태민이가 빠진 것은 한 번이니까 2행성이 아니라 1행성만 차감해야 하는 것 아닌가요?"

선생님은 월급을 깎으려고 온갖 꼬투리를 잡고, 아이들은 논리적으로 반박합니다.

소득이 있으면 세금도 내야 합니다. 아이들에게 세금 징수 계획을 말합니다.

"여러분이 받는 월급의 10%를 세금으로 걷겠습니다."

아이들은 자기 월급에서 세금을 계산합니다. 여기저기에서 불만이 터져 나옵니다. 세금을 줄이기 위해 휴대폰 검색을 요청합니다.

"선생님, 여기 종합소득세가 6%로 나오는데요?"

결국 세금은 5%로 20행성에 1행성을 받기로 했습니다.

월급 받는 아이들이 진짜 원하는 것은 행성 화폐를 사용하는 것입니다. 행성 화폐는 언제나 사용할 수 있습니다. 선생님 마켓을 이용할 수 있습니다. 실내화를 가져오지 않는 아이들에게 5행성으로 예비 실내화를 빌려줍니다. 갑자기 비가 오는 날이면 우산도 5행성에 빌려줍니다. 연필을 놓고 왔다면 3행성에 구매할 수 있습니다. 졸리는 오후 시간이면 3행성으로 사탕이나 젤리를 사서 수업 시간에 먹을 수 있습니다. 친구 것도 함께 구매할 경우, 2개에 5행성이면 됩니다. 선생님 마켓에는 이렇게 아이들이 먹고 싶은 간식과 긴급하게 필요할 수 있는 학용품이 있습니다.

아이들이 가장 좋아하는 것은 '행성 쿠폰'입니다. 아이들은 자신이 원하는 내용과 적절한 가격으로 쿠폰을 만들 수 있습니다. 전체 회의에서 내용과 가격이 합리적인지 의논한 후 행성 쿠폰으로 채택하면 업무를 맡은 자치 부서에서 제작합니다. 우리 반 행성 쿠폰 몇 가지만 소개할게요.

교과서 검사 그냥 통과시켜 주세요. 수업 시간에 잠시 딴짓할 수도 있잖아요. <5행성>	오늘은 청소하기 싫어요. 선생님이 대신해 주세요. 물티슈로 책상도 깨끗하게 닦아주세요. <3행성>
오늘은 먹고 싶지 않은 반찬이 나왔어요. 안 먹고 싶어요. 이 쿠폰이 대신 먹을 거예요. <5행성>	저도 앉고 싶은 자리가 있어요. 그곳으로 옮길게요. <20행성>

| 좀 늦었어요. 오늘 마지막 청소는 그냥 넘어갈게요.
<5행성> | 오늘 알림장 쓸 기분이 아니에요. 그냥 통과시켜 주세요.
괜찮죠?
<3행성> |

처음 시작할 때 '하고 싶은 일을 스스로 찾아서 하던 아이들이 보상받기 위해 일을 하려고 하지 않을까?', '학급 자치를 시작한 의미가 사라지지 않을까?'라고 걱정했습니다. 쓸데없는 걱정이었습니다. 아이들은 월급 받는 것을 보상이라고 생각하지 않았습니다. 일한 만큼 소득을 얻고, 소득의 대가로 세금 내는 것이 당연하다고 생각했습니다. 아이들이 고민하는 것은 소비할 수 있는 재미있는 일들을 자꾸 만들어 내는 것이었습니다.

처음부터 완벽하게 시작할 수 없습니다. 한 번에 모든 것을 시작하기에는 너무 일이 많습니다. 우리 반 월급 받는 교실은 행성 화폐 만들기부터 시작했습니다. 다음 한 달은 토론을 통해 월급을 협상했습니다. 또 그 다음 달은 세금을 적용했습니다. 아이들의 원하는 것이 계속 나오면, 계속 회의를 거치겠지요. 선생님, 만약 월급 받는 교실을 원하신다면 차근차근 하나씩 도전하세요. 할 수 있는 것부터 하나씩 시작하세요. 아이들과 함께 만들어요.

월급 받는 교실이라고 생각했을 때 무언가 복잡한 것들이 떠올랐어요. 월급을 받으려면 직업이 있어야 하고, 그 직업에 맞는 학급 일을 찾아야 할 것 같았어요. 학급 화폐를 만들고, 아이들이 즐겁게 사용할 수 있는 환경을 만들어 주어야 한다고 생각했어요. 처음부터 많은 일들이 떠오르니 감히 시도조차 할 수 없었어요.

저도 차근차근 하나씩 해봤어요. 선생님의 조언대로 자치 조직을 직업으로 대신했어요. 미술 시간을 이용해서 학급 화폐를 디자인을 공모하고, 화폐를 제작했지요. 월급 협상까지는 시간이 조금 더 필요하지만 조급하지 않아요. 하나씩 이뤄가는 재미를 알고 있으니까요.

2부

고민하는 선생님이
성장해요

'현장은 끊임없는 배움의 연속이다'라는 말이
있습니다. 선생님의 배움은 그대로 아이들에게
이어집니다.
아이들은 선생님의 고민을 먹고 성장합니다.
때로는 혼자 때로는 같이 고민하는 선생님이
되길 바랍니다.

교사 교육과정이란
무엇일까요

Q 요즘 공문이나 연수 등에서 교사 교육과정이란 말을 자주 들어요. 이전부터 있었던 학급 교육과정하고 다르다고 막연하게 짐작하고 있어요. 교사 교육과정이 무엇인가요?

교육과정은 선생님들이 가장 많이 사용하는 말 중 하나입니다. 우리나라에는 국가 수준의 교육과정이 있고, 학교에는 학교 교육과정이 있어요. 선생님의 교실에도 학급 교육과정이 있을 것입니다.

3월이 되면 선생님들은 교육과정 때문에 정신이 없습니다. 수업 시수를 계산하고, 연간 수업 시간표도 작성해야 합니다. 평가 계획도 넣어야 합니다. 작년 선생님들께서 남겨주신 틀을 올해의 내용으로 수정합니다. 왜 들어가야 하는지도 모르고, 실제 읽어보지도 않은 내용이 가득 들어가 100쪽이 훌쩍 넘어갑니다. 제가 처음 선생님이 되었을 때 교육과정을 작성한 모습입니다.

우리 반 학급 교육과정은 책꽂이에서 잠들어 있다가, 수업 시간을 수정해야 할 때만 잠시 눈을 뜹니다. 교육과정은 학생을 가르치기 위한 일 년의 계획이라는 말이 무색합니다. 문득 궁금해졌습니다. '내가 3월에 만든 학급 교육과정에 개발이란 말이 어울릴까?' 물론 아닙니다. 개발은 새로운 것을 연구해서 만들어 내는 것이니까요.

교사 교육과정은 지금까지의 학급 교육과정과 다릅니다. 여러 정보를 끼워 퍼즐 맞추듯 만든 학급 교육과정과 비교해 보았을 때 시작부터 다릅니다. 교사 교육과정은 어떻게 시작되었을까요? 먼저 사회 변화를 살펴봐야 합니다. 우리는 하루 사이 지식이 폭발적으로 늘어나는 지식정보사회에 살고 있습니다. 2022년 인류 지식의 양이 44ZB 이상이라고 해요. 저의 머릿속으로 상상해도 지식의 양이 얼마쯤인지 가늠하기 힘듭니다. 그런데 지식이 만들어지고 없어지는 주기가 짧아지고 있습니다. 지식은 교육의 핵심인데, 지식의 변화가 있다면 당연히 교육도 변해야 하잖아요. 지식의 변화에 선생님들은 고민하기 시작했습니다. '미래 사회를 살아갈 우리 아이들에게 무엇을 어떻게 가르칠 것인가?' 바로 그 고민에서 '교사 교육과정'은 시작했습니다.

교사 교육과정은 우리가 모르는 새로운 것이 아닙니다. 어쩌면 지금 선생님도 교실에서 교사 교육과정을 개발해서 실행하고 있을지도 모릅니다. 제가 생각하는 교사 교육과정의 모습은 다음과 같습니다.

먼저 교사 교육과정은 교육과정을 재구성한 모습을 하고 있습니다. 선생님들은 언제 교육과정을 재구성할까요? 현재의 교육과정에 만족하지 못할 때, 교과서의 학습 내용이 학생들에게 가르치기에 문제가 있다고 생각할 때 선생님들은 재구성을 고민합니다. 서로 다른 차시나 단원을 주제에 맞게 통합합니다. 교과서에 제시된 중심 주제를 학생의 흥미와 여건을 고려하여 새롭게 제시하거나 다른 것으로 대체합니다. 교육과정 재구성에는 무엇을 어떻게 가르칠까에 대한 선생님의 고민이 들어 있으니 당연히 교사 교육과정이라고 할 수 있습니다.

교사 교육과정은 선생님의 자율성을 담고 있습니다. 선생님은 교육과정을 개발하고 교실 속에서 수업으로 이뤄내는 사람입니다. 이 말에는 누군가 만든 교육과정이 교과서를 통해 획일적으로 학생들에게 전달되어서는 안 된다는 의미를 포함합니다. 교육 내용은 선생님의 고민과 이해를 바탕으로 다양한 수준으로 해석되어야 합니다. 교실 속 상황에 맞게 여러 가지 모양으로 재구성되어야 하고요. 이때 비로소 우리 반 학급 교육과정을 교사 교육과정이라고 할 수 있다고 생각합니다.

교사 교육과정은 한 번에 완성하는 것이 아니라 계속해서 만들어 가는 교육과정입니다. 수업을 고민하는 선생님은 교과 내용을 그대로 전달하지 않습니다. 성취 기준을 근거로 부분 또는 전부를 재구성합니다. 선생님의 고민이 일 년 동안 계속되는 한 재구성도 계속됩니다. 교육과정 내용도 계속 수정되고 추가됩니다. 교사 교육과정은 그 학년도가 끝나 교육과정을 제출하는 날에 완성됩니다. 3월에 완성해 결재받는 학급 교육과정과 분명 차이가 있는 부분입니다.

교사 교육과정은 학생이 성장하기를 기대하는 선생님의 마음이 들어 있습니다. 우리 교실 상황과 특색에 맞는 수업을 할 때, 수업 내용과 전달 방법에 대한 선택의 기준은 학생이어야 합니다. 한 걸음 더 나아가 학생도 교육과정 개발이나 수업 준비에 함께 참여합니다. 한 반 모두 만들어 가는 교육과정입니다. 바로 이 부분이 우리가 전에 형식적으로 해왔던 학급 교육과정 만들기와 확연하게 다른 점입니다.

이제 교사 교육과정의 의미를 정리해 보겠습니다. 교사 교육과정은 학생의 성장을 위해 필요한 것이 무엇인지에 대한 이해를 시작으로 '무엇을 가르칠 것인지', '어떻게 가르칠 것인가'에 대해 선생님과 학생이 함께 결정하고 만들어 가는 교육과정이라고 말할 수 있습니다. 선생님께서 사용하고 계신 학급 교육과정에 다음과 같은 질문을 던져 보세요.

- 우리 반 아이들의 성장을 위한 고민이 담겨 있는가?
- 우리 반 아이들의 상황을 고려하여 교육과정을 재구성하였는가?
- 이미 계획된 교육과정이지만 유연하게 수정과 추가가 가능한가?
- 교육과정 개발에 학생이 함께 참여하고 있는가?
- 학생의 성장을 위한 과정 중심 평가가 반영되었는가?

'교육의 질은 교사의 질을 넘을 수 없다'라는 말이 있습니다. 선생님의 역할을 강조하는 말로 들리기도 하지만 그 이면에는 선생님이 변해야 교육이 변한다는 의미도 담겨 있습니다. 주변을 둘러보면 고민을 거듭하며 변화를 꾀하는 선생님들이 많습니다. 고민과 실행을 통해 매일 변화되는 선생님이 되었으면 좋겠습니다.

교육과정이란 말은 아직도 경력이 많지 않은 저에게 무겁게 들려요. 처음 선생님이 되어 학급 교육과정을 만들었을 때도, 3년이 지난 올해도 스스로 하지 못하고 동학년 선생님의 도움을 받았어요. 이런 저에게 교사 교육과정이란 정말 유능한 선생님들이 하는 새로운 교육과정인 줄 알았습니다.

아이들을 중심으로 새로운 내용을 더해서 수업 내용을 다시 만드는 것이 교사 교육과정의 시작이라고 하면, 저도 교사 교육과정을 만들어 가고 있는 것 같아요. 선생님께서 '새롭게 다시 하려고 하지 말고, 지금 재구성하는 수업 내용을 교육과정에 끼워 넣어'라고 말씀하신 것처럼, 포스트잇을 이용해서 교육과정 내용을 덧붙이고 새롭게 만든 수업 자료를 요약해서 넣고 있습니다. 그리고 아이들과 활동한 것들을 교육과정 뒤에 부록으로 첨부하고 있습니다. 선생님, 이번 학년이 지나고 교육과정을 제출할 시기가 오면 제가 만든 이것을 교사 교육과정이라고 할 수 있겠지요?

교육과정 재구성,
어려워하지 말고 시작하세요

Q 교과 내용을 우리 반 아이들의 이야기로 재구성해서 수업하고 싶어요. 제가 만든 수업 자료가 학습 목표에 도달하기 적절한지, 성취 기준에 적합한지 잘 모르겠어요. 교육과정 재구성, 이대로 계속해도 될까요?

최근에 많은 교사들이 선생님과 같이 교육과정 재구성에 도전하고 있습니다. 우리 학급에 맞는 교육과정을 찾아 노력하고 있지요. 교과서와 지도서를 살펴보고 그 안에 담긴 내용을 아이들에게 효과적으로 전달하기 위해 수업을 계획하고 실행합니다. 교과서 중심에서 벗어나 교사가 특정한 주제를 정해 수업 계획을 세우거나, 교과서 수업 내용을 변형해서 가르치는 사례들이 늘고 있습니다. 이에 따라 교육과정 재구성이라는 용어도 교사들에게 익숙한 용어가 되었습니다.

교육과정 재구성의 수준과 범위는 다양합니다. 먼저 교과서를 중심으로 한 재구성이 있습니다. 단원 내 차시 순서 바꾸기, 단원 순서 바꾸기, 학습 내용 생략하기 및 추가하기, 새로운 내용으로 대체하기, 유사한 학습 주제로 구성된 차시 및 교과 간 내용 통합하기 등이 그것입니다. 교과서를 벗어나 성취 기준을 중심으로 새롭게 학습 내용을 선정하고 조직한 주제 중심 교육과정도 있습니다. 이러한 재구성의 방식들은 모든 학교 현장에서 따라야 하는 교육과정 재구성의 매뉴얼이 아니라, 교사와 학습자가 그들의 수업 상황에 맞도록 교육 내용을 디자인하며 그를 실행해 가는 과정입니다. 바로 이 부분에서 저경력 교사들에서 걱정합니다. 정해진 답이나 원칙이 없으니까요.

2022 개정 교육과정에서는 선생님이 교육과정을 재구성해도 괜찮다고 말합니다. '교과와 창의적 체험활동의 내용 배열은 반드시 따라야 할 학습 순서를 의미하는 것은 아니며, 학생의 관심과 요구, 학교의 실정과 교사의 필요, 계절 및 지역의 특성 등에 따라 각 교과목의 학년군별 목표 달성을 위해 지도 내용의 순서와 비중, 교과 내 또는 교과 간 연계 지도 방법 등을 조정하여 운영할 수 있다'라고 교육과정 재구성에 대한 근거를 제시하고 있습니다. 선생님이 교육과정을 재구성해도 괜찮은 이유입니다.

교육과정 재구성이 아이들에게 어떤 의미를 줄 수 있을까요? 교육과정 재구성은 단순한 정보 전달 수업에서 벗어나 아이들이 중심이 되어 배우는 수업을 지향합니다. 다양한 활동을 통해 아이들 스스로 배움의 주체가 됩니다. 학습한다는 지각이 없어도 자연스럽게 배우기도 합니다. 이러한 시도는 학습 활동에 흥미를 느끼지 못하거나 교과 내용을 어려워했던 아이들을 더 많이 수업에 참여시킬 수 있습니다. 교육과정 재구성이 아이들이 좋아하고 적극적인 참여를 가능하게 할 수업을 만드는 과정이라면 앞으로도 선생님이 계속해야 할 일입니다.

교육과정 재구성은 교실 안에서 선생님과 아이들이 상호작용을 통해 교육과정을 변형하고 수정하여 아이들에게 적합한 학습경험을 형성해 가는 과정입니다. 똑같은 성취 기준에 근거한 수업 내용이라도 교육과정 재구성을 통해 만들어진 수업 모습이 교실마다 모두 다른 이유입니다. 따라서 교육과정 재구성에는 정답이 없습니다. 구체적인 방법을 정답처럼 제시하는 것보다 재구성하면서 놓치지 않았으면 하는 부분에 대한 조언이 필요합니다.

첫째, 교육과정에 대해 잘 알아야 합니다. 교육과정 지식은 교육과정을 재구성하기 위한 기반이 됩니다. 우리 반 교육과정이 국가, 지역, 학교 수준과 어떻게 연결되는지 이해해야 합니다. 성취 기준에 근거해서 교육 내용이 어떻게 전개되는지, 그 학습을 위해 몇 차시가 필요한지, 그 내용이 학습하는 아이들에게 어떤 의미를 가지는지에 대해 알아야 합니다. 교육과정에 대한 전반적인 지식은 내가 변형한 교육과정이 타당하다는 의미를 부여할 것입니다. 교육과정이라는 큰 틀을 이해하지 못한 교육과정 재구성은 단순한 교육 내용의 변형에 머무르게 합니다. 교사들을 더 불안하게 할 것입니다.

둘째, 아이들에 대해서도 정확히 판단해야 합니다. 교사들은 아이들이 제대로 학습하고 성장하도록 그들에 맞게 교육과정을 재구성합니다. 교육과정이 교실 수업으로 구현될 때 '왜, 무엇을 기준으로 재구성해야 하는가?'라는 질문에 대한 답은 우리 반 아이들에게 있습니다. '우리 아이들은 무엇을 필요로 하는가?'와 같은 근본적인 질문에 대한 답도 아이들 속에서 찾아야 합니다. 교사는 아이들의 수준을 알아야 합니다. 아이들이 좋아하는 주제도, 아이들이 친숙하게 생각하는 이슈나 지역의 문제도 알아야 수업의 소재로 활용할 수 있습니다. 아이들이 좋아하는 놀이도 수업의 방법으로 끌어올 수 있어야 합니다. 교육과정 재구성에서 가장 중요한 것은 그 수업으로 배우는 아이들입니다.

셋째, 흥미를 위한 활동이 아닌 학습을 위한 활동으로 재구성해야 합니다. 아이들의 경험과 성장에 중심을 두기보다 학생의 관심을 끌 수 있는 재미있는 자료를 선택하거나 흥미로운 수업 활동을 찾는 데 치중하는 경우가 많습니다. 흥미 중심으로 재구성한 교육과정은 아이들에게 의미 있는 배움으로 이어지지 않고, 재미있기만 한 활동에서 끝나기도 합니다. 눈에 보이는 활동 자체에만 집중하는 아이들로 인해 정작 배워야 하는 내용과는 다른 방향으로 수업이 흘러갈 수도 있습니다. 아이들 머릿속에는 활동만 남고, 학습 내용은 기억에 남지 않습니다. 교사는 아이들의 활동 중에 학습 내용을 반복해서 노출해야 하고, 활동하는 목적을 끊임없이 알려야 합니다.

넷째, 아이들의 생각을 이끌어 낼 수 있는 수업 소재를 고민해야 합니다. 교과서와 같은 내용이라도 수업에서 활용하는 소재가 교과서를 벗어나면 아이들은 좀 더 관심을 가집니다. 아이들이 예측하지 못하는 수업 소재는 아이들을 집중하게 합니다. 자신들의 이야기가 수업 소재가 될 때 더 그렇습니다. 때로는 북극곰이 나오는 자극적인 사진보다 폭염으로 야외 체육을 못 하는 우리의 실정이 기후 변화를 더 잘 설명할 수 있습니다. 11월 11일에 빼빼로를 학교에 가져오고 싶은 아이들은 빼빼로 데이는 과연 필요한가에 대해서 더 많은 말을 쏟아냅니다. 교과서에 있는 일반적인 질문보다 우리 반 아이들에게 어울리는 질문이 필요합니다.

다섯째, 개인 수준의 교육과정 재구성만큼 교사 협의체를 통한 교육과정 재구성을 추천합니다. 우리 학급에 대한 수업을 고민하는 것이라고 해서 교육과정 재구성을 교사 개인의 문제로 인식하지 않았으면 합니다. 동료 교사들과 협력하여 교육과정을 재구성하여 실천하면 더욱 그 효과를 높일 수 있습니다. 수업 내용, 수업 방법, 학생에 대한 정보를 공유하는 과정에서 교사들 각자 가졌던 고민이나 문제점이 해결될 수 있습니다. 개인이 가지고 있는 지식의 오류를 발견할 수 있습니다. 집단 지성의 힘을 경험할 수 있습니다.

교육과정 재구성은 교사들 사이에 번지는 일시적인 유행이 아닙니다. 우리 아이들을 위해 교육과정의 내용을 의미 있게 가르쳐야 한다는 지속적인 요구입니다. 그렇기 때문에 교사들은 아이들의 흥미를 끌 수 있는 학습 주제와 성취 기준을 중심으로 여러 교과를 통합하여 교육 내용을 추가하거나 삭제하는 등과 같은 재구성 활동에 많은 시간을 할애하고 있는 것입니다.

그런데 한 가지 간과해서 안 될 점이 있습니다. 현재의 교과서는 교육과정을 구현하고 있는 하나의 학습 자료로 교육과정의 아이디어를 최대한 반영하려는 전문가적 노력으로 집필되었다는 점 또한 인정해야 합니다. 교육과정의 아이디어를 충실하게 구현하고 있는 교과서의 가치를 평가 절하하는 것은 옳지 않습니다. 재구성하지 않았다고 해서 교과서 학습 내용을 꼼꼼하게 분석하여 치밀하게 가르치는 교사의 노력도 비하해서는 안 됩니다. 교육과정을 재구성했는지 하지 않았는지가 중요한 것이 아니라 우리 아이들이 어떤 내용을 어떻게 학습했는지가 더 중요합니다.

이제 선생님이 하고 있는 교육과정 재구성에 대한 확신이 생겼나요? 선생님이 바로 교육과정이며 수업 전문가입니다. 선생님의 노력에 아이들이 성장하고, 선생님 또한 성장할 것입니다. 교육과정 재구성, 어려워하지 말고 시작하세요.

교육과정 재구성이 아이들에게 맞춰 수업 내용을 바꾸면 되는 줄 알았습니다. 그래서 매일 수업 내용과 수업 방법을 고민하면서도 '이래도 될까?'라는 생각이 머릿속을 떠나지 않았습니다. 아이들에게 맞추기보다 교사인 저의 취향에 맞춰진 수업도 있었습니다.

교육과정의 큰 틀을 이해해야 한다는 선생님 말씀이 마음에 와닿습니다. 무엇을 가르쳐야 하는지 나와 있는 교육과정을 제대로 이해하지 못하고 아이들을 가르치는 것은 목표를 모르는데 목표를 달성해야 한다는 말과 같다는 생각이 들었습니다. 이 교과서 내용은 어떤 성취 기준에 근거해서 만들어졌는지, 어떤 학습 목표를 위해 구성되었는지 확인했어야 했습니다. 제가 가르치기 편하게, 아이들에게 재미있게 바꾸는 것이 교육과정 재구성이라고 생각하지 않으려면 수업을 생각하는 내내 교육과정을 옆에 끼고 다녀야겠습니다.

교육과정 재구성, 놓지 않고 계속하겠습니다.

과정 중심 평가,
이렇게 해보세요

Q 선생님, 때로는 수업보다 평가가 더 어려워요. 과정 중심 평가, 수행평가는 어떤 차이가 있나요? 우리 교실에서는 어떤 평가를 해야 하나요?

제 나이는 현재 40대 중반입니다. 저의 초등학교 선생님은 수업하실 때 교과서의 중요한 부분을 칠판에 적으면서 말씀하셨습니다.

"이 부분은 꼭 시험에 나와. 잘 외워야 해."

실제 시험은 선생님께서 필기하실 때 강조한 부분과 교과서의 구석구석에 숨어 있던 지식 암기 위주의 내용으로 출제되었습니다. 평가는 지필 평가가 전부였던 것으로 기억합니다. 미술도, 체육도 교과 내용을 외워서 시험을 봤었으니까요.

요즘 아이들의 평가는 어렸을 때 제가 봤던 중간고사, 기말고사와는 분명히 다릅니다. 중간, 기말고사의 목적은 학습한 내용을 외워서 얼마나 기억하는지를 확인하는 것이었습니다. 중간, 기말고사는 꾸준히 비판받았습니다. 중간, 기말고사를 가득 메웠던 선택형 문항은 학생이 학습하는 과정을 볼 수 없고, 결과만 평가한다는 것이었죠. 학생의 머릿속 지식은 평가할 수 있지만, 학생의 마음은 살펴볼 수 없는 평가라고 했습니다.

새로운 대안이 필요했습니다. 그때 수행평가가 등장했어요. 1999년 교육부는 전국 모든 초등학교에 수행평가를 도입하고, 일제고사를 없앴지요. 아이들이 학습 과제를 수행하는 과정이나 결과물을 보고 학습 내용을 얼마나 이해하고 있는지 평가했습니다. 학습 내용에 대해 어떤 태도를 보이는지, 학습 과정 중에 어떤 기능을 익혔는지를 살펴봤어요.

2022 개정 교육과정에서는 '학습의 결과만이 아니라 결과에 이르기까지의 학습 과정을 확인하고 환류하여, 학습자의 성공적인 학습과 사고 능력 함양을 지원한다'라고 평가의 방향을 설정했습니다. 그 속에 '과정 중심 평가'라는 말이 들어 있지요.

과정 중심 평가는 단어 속에 그 의미가 들어 있습니다. 학생이 수업에서 무엇을 배웠는지, 어떻게 배웠는지, 그리고 배우는 과정에서 어떤 성장이 있었는지를 평가하는 것입니다. 평가 후 피드백을 강조해서 학생에게는 자신의 학습 과정을 돌아보게 합니다. 교사에게는 수업에 대한 반성을 통해 교수 학습의 질을 개선하는 데 활용합니다.

지금까지 수행평가와 과정 중심 평가에 대해 살펴봤습니다. 공통점을 찾으셨습니까?

"학습의 과정을 살펴 학생의 변화 과정을 확인할 수 있어야 한다."
"교사 위주의 평가에서 학생 스스로 평가할 수 있다."
"다양한 평가 방법을 사용한다."
"인지적 영역과 정의적 영역을 균형 있게 평가한다."

"피드백을 강조하고 있다."

"교실에서 가르친 내용을 평가한다. 수업 도중에 평가가 이루어진다."

저는 수행평가와 과정 중심 평가가 추구하는 방향이 같다고 생각합니다. 둘 사이를 구분하는 것은 의미가 없습니다. 2015 개정 교육과정 이전에는 수행평가가 그 이후에는 과정 중심 평가란 단어가 수면으로 떠올랐지만, 실제 비슷한 목표를 가지고 어느 것이 상위 개념인지는 중요하지 않습니다. 다만 2022 개정 교육과정 평가의 방향에 다음과 같은 문장이 있습니다.

"수행평가를 내실화하고 서술형과 논술형 평가의 비중을 확대한다."

과정 중심 평가는 수행평가를 포함한 개념으로 이해해도 될 것 같습니다.

그럼, 선생님이 궁금한 우리 반 수행평가의 모습을 소개할게요. 오늘은 우리 반 아이들과 각기둥의 전개도에 대해 학습했습니다. '각기둥의 전개도를 그릴 수 있다'라는 성취 기준을 달성하기 위해 전개도가 무엇인지 학습하고, 실제 전개도가 만들어지는 과정을 보여줬습니다. 그와 함께 전개도를 쉽게 그리는 방법을 소개하는 것도 잊지 않았습니다. 평가지는 수업한 내용을 중심으로 다음과 같이 3단계로 제작했습니다.

- 일부분만 그려진 전개도 나머지 부분 그리기
- 교과서의 입체도형과 모양은 같지만, 길이가 다른 입체도형 전개도 그리기
- 밑면의 모양이 교과서와 다른 삼각기둥과 사각기둥의 전개도 그리기

아이들의 수업 진행에 따라 전개도 그리는 방법을 정확하게 알아갈 수 있도록 1단계 문제 해결 후 제가 방법을 설명해 주었습니다. 1단계를 어려워했던 아이들에게 한 번 더 이해할 기회를 주기 위해서입니다. 2단계와 3단계를 같은 방법으로 마무리했습니다. 제가 이 평가를 계획한 목적은 아

이들이 전개도를 그릴 수 있는지 상, 중, 하로 판단하기 위해서가 아닙니다. 저는 아이들 모두 '상' 수준이기를 바랍니다. 처음에는 전개도 그리기가 힘들었는데 수업 진행에 따라 전개도를 그릴 수 있게 되었으면, 성취 기준을 이수했고, '상'을 받을 자격이 충분합니다.

저는 성장 중심 평가라는 말을 좋아합니다. 아이들의 성장 정도를 평가하는 것입니다. 수업을 듣기 전과 들은 후에 성장이 있어야 하고, 평가 장면에서도 성장이 있어야 합니다. 저는 평가 시간이 되면 아이들에게 항상 이렇게 말합니다.

"평가도 학습의 과정입니다. 평가 문제를 해결하는 중에도 여러분들이 무언가를 배웠으면 좋겠습니다."

그래서 아이들의 평가에 몇 가지 저희 반만의 요소를 추가합니다.

우리 교실에서는 교과서 내용을 확인하는 지식 중심의 평가가 아닌 한 교과서를 보고, 내용을 확인하며 평가지를 해결해도 됩니다. 평가를 미리 공지하면, 해당 자료를 미리 준비해서 참고해도 됩니다.

> ● 일어난 일들을 순서대로 정리하고, 원인-과정-결과를 마인드맵으로 만드세요.
> <4·19혁명, 5·18 민주화 운동, 3·15 부정선거, 6월 민주 항쟁, 유신헌법, 6·29 민주화 선언, 5·16 군사 정변>

평가 시간도 충분히 줍니다. 이러한 문제는 1~2교시를 활용하고, 집에 가기 전에 제출하기만 하면 됩니다. 물론 아이들이 친구들 평가지를 보지 않을 것이라는 믿음이 있어야겠지요.

그렇다면 예전 제가 어렸을 때 봤던 중간 기말고사와 같은 지식 중심의 선다형 평가는 과정 중심 평가에 밀려해야 할까요? 물론 지식 중심의 선다형 평가가 중심이 되어서는 안 되지만, 저는 그것도 필요하다고 생각합니다. 사실적 지식을 기억하는 것이 학습 내용을 더 잘 이해할 수 있게 하기도 합니다. 학습 내용에 대한 기본 지식이 있어야, 검색도 가능합니다. 많이 알고 있는 아이들이 더 꼼꼼한 학습 결과물을 만들기도 합니다.

수준별 평가가 필요한 교과도 있습니다. 수학이 대표적입니다. 변의 길이와 각의 크기에 따라 삼각형을 분류하는 단원에서 이러한 평가를 진행했습니다.

> ▷ **1단계:** 수업 중에 색종이로 만든 삼각형과 선생님이 준 색종이 삼각형을 섞었습니다. 이 색종이를 이름에 따라 분류하고, 그렇게 생각한 이유를 적게 했습니다.
> ▷ **2단계:** 1단계에서 붙인 삼각형을 다른 이름으로 부를 수 있는지 쓰고, 그 이유를 생각해 보았습니다.
> ▷ **3단계:** 삼각형의 정의와 성질을 묻는 단원 지필 평가를 기본 - 실력 - 심화 단계로 구성하여, 스스로 해결할 수 있는 부분까지만 풀게 했습니다.
> ▷ **4단계:** 삼각형 분류 학습지와 평가지를 선생님과 함께 풀었습니다.
> ▷ **5단계:** 오답정리를 통해 다시 풀어보게 하고, 다른 문제를 요구하는 학생에게는 원하는 수준의 문제를 만들어줬습니다.

때로는 선생님이 만든 평가 자료가 아이들의 성취 기준을 판단할 수 있을지 고민일 때도 있을 것입니다. '옆 반과 같은 평가지를 사용해야 하지 않을까?'하는 생각이 들 때도 있을 것입니다. 선생님, 옆 반과 선생님 반의 평가지는 당연히 달라야 합니다. 성취 기준과 평가 계획은 옆 반과 같지만, 수업 방법이나 내용은 옆 반과 차이가 있기 때문입니다. 선생님의 아이들은 선생님이 수업한 내용으로 선생님이 만든 평가 자료를 통해 평가받아야 합니다.

얼마 전 어떤 선생님이 '혹시 1학기 수행 평가지가 있나요?'라고 물었을 때 이렇게 말씀드렸습니다.

"선생님, 저는 평가지를 미리 만들지 않습니다."

수업 내용이 미리 정해지지 않았는데 평가지가 미리 있을 수는 없습니다. 수업의 내용과 방법이 결정되어야 평가의 내용과 방법도 결정됩니다. 선생님이 새롭게 제작할 수 없다면 이전의 평가 자료를 선생님 수업에 맞게 변형해서 사용해야 합니다.

교육과정이 새롭게 개정이 되어도 아이들의 학습 과정을 중시하는 평가는 쉽게 변하지 않을 것 같습니다. 수행평가, 성장평가, 참평가, 과정중심평가 등 이름은 달라도 그것들이 추구하는 방향이 같은 것처럼 앞으로 등장할 새로운 평가도 결과보다는 과정을 중요하게 생각할 것입니다. 선생님으로서 우리가 해야 할 일은 교육과정에서 성취 기준을 꼼꼼하게 살펴보고 수업을 계획하고, 그 수업 속에서 학생의 모습을 주의 깊게 관찰하는 것이 아닐까요?

선생님 말씀 중에 제 마음속에 더욱 강렬하게 와닿는 것이 있었습니다.
"평가 문제를 해결하는 중에도 여러분들이 무언가를 배웠으면 좋겠습니다."
이것을 어떻게 평가지에 표현하면 좋을지 고민해 봤습니다.

수업한 내용을 정리한 기본 개념 문제를 한 장 더 만들었습니다. 국어에서 비
유하는 표현에서 은유법과 직유법이 무엇인지 정리하고, 시 속에서 찾아보게
했습니다. 그 후 비유하는 표현이 들어간 시를 썼습니다. 분수의 나눗셈을 유
형별로 분류하여 원리를 적어 보고, 그 풀이 과정 빈칸 채우기 문제를 만들었
습니다. 그리고 수준별 문제를 풀게 했습니다.
아이들은 수업 중에 들었지만 기억나지 않았던 것들을 기본 개념 문제로 다시
생각했습니다. 기본 개념 복습을 해서 그런지 성취 수준도 높아졌습니다. 선생
님 말씀이 맞습니다. 아이들은 평가 장면에서도 성장이 있어야 합니다.

질문이 살아있는
수업을 해보세요

Q 수업 내용을 질문했을 때 제대로 대답하지 못하는 아이들이 많아요. 그럴 때면 '내가 질문을 이상하게 했나?'라는 생각이 들어요. 아이들은 궁금한 것이 있어도 질문하지 않아요. 선생님 교실의 질문을 알고 싶어요.

사회 교과에서 공정한 재판을 주제로 수업하고 있었습니다. 교과서 내용보다 훨씬 많은 내용을 추가해 만든 수업 자료에 뿌듯해하며 한참 동안 설명하고 아이들에게 질문했습니다.

"선생님이 설명한 내용 중에서 궁금한 것이 있나요?"

아무도 손들지 않습니다. 다시 질문했습니다.

"공정한 재판을 위해 법원에서 실시하고 있는 제도가 뭐라고 했죠?"

손을 들고 있는 아이가 몇 명 되지 않습니다. 순간 머릿속이 복잡해집니다. 어디에서부터 다시 설명해야 할지 갈피가 잡히지 않습니다.

제가 저경력 교사였을 때 수업하는 모습이었습니다. 아이들은 이해하지 못했는데 왜 질문하지 않았을까요? 선생님은 어떻게 질문하는 것이 더 좋았을까요? 아이들이 이해할 수 있는 범위를 넘어서는 수업 내용도 문제였습니다. 선생님이 아이들에게 한 질문도 잘못되었습니다. 아이들이 대답할 수 있도록 질문했어야 했습니다. 구체적으로 물어봐야 구체적인 답이 돌아옵니다. 다음과 같이 질문했으면 어땠을까요?

"공정한 재판을 위해 한 사건에 대해 세 번까지 재판받을 수 있는 제도를 무엇이라고 할까요?"

선생님, 학부모, 아이들 모두 질문을 중요하게 생각합니다. 선생님은 질문에 자신 있게 대답하는 아이들을 뿌듯하게 바라보고, 궁금한 내용을 질문하는 아이들을 기특하게 생각합니다. 학부모는 선생님의 질문에 손들고 발표하는 자녀들을 보며 자랑스러워합니다. 발표하는 것으로 수업 내용을 이해했고, 수업 시간에 집중했다는 것으로 생각합니다. 아이들도 선생님이 질문할 때 자기가 답을 알고 있다는 것을 알리려고 손을 번쩍 듭니다. 제일 먼저 손드는 것에 스스로 만족합니다.

질문의 중요성을 강조한 학자가 두 명 있습니다. 첫 번째는 우리가 잘 아는 소크라테스입니다. 소크라테스는 '나는 지금까지 한 번도 누구의 교사로서 행동한 적이 없다. 나는 무엇을 가르친 적도 없고 가르치겠다고 약속한 적도 없다. 내가 한 일은 가르치는 일이 아니라 질문하는 일이었다'라고 말합니다. 소크라테스는 학습자가 깨달음을 얻을 때까지 계속 질문합니다. 기하학을 배운 적 없는 노예 소년과 질문을 주고받으며 소년이 정답을 얻는 과정을 보여줌으로써, 질문으로 지식을 깨우칠 수 있음을 증명합니다. 소크라테스는 교사의 질문이 아이들의 학습에 매우 중요한 요인이라고 말합니다.

두 번째는 자크 랑시에르(Jacques Rancière)입니다. 자크 랑시에르는 교사가 주도하는 교육을 '바보 만들기'라고 강하게 비판합니다. 교사의 설명을 교사의 지식 안에 아이들을 가두는 것이라고 말합니다. 자신이 만든 질문에 답하는 과정에서 아이들 스스로 배울 수 있다며, 아이들의 질문을 중요하게 여깁니다. 특히 '너는 그것에 대해 어떻게 생각하니?'라는 확산형 질문으로 더 깊이 배울 수 있다고 말합니다.

관점의 차이가 있을지라도 소크라테스와 랑시에르는 아이들을 앎으로 이끄는 중요한 수단으로 질문을 손꼽습니다. 질문은 설명 위주의 교사 중심 수업에서도, 학생의 활동 중심 수업에서도 중요합니다. 물론 질문의 주체가 누구인가에 따라서 질문의 전개와 답을 찾아가는 과정이 다를 수 있습니다. 질문의 주체가 교사일 경우 교사는 아이들이 이해하거나 깨닫기를 바라는 내용을 염두에 두고 아이들이 탐구하고 성찰할 수 있는 질문을 던질 것입니다. 반면 질문의 주체가 아이들일 경우에는 아이들 스스로 궁금하거나 호기심을 갖게 된 내용이나 자신이 알고 있는 내용과 다른 것에 대한 의문을 해결하기 위해 질문할 것입니다.

우리 교실에서는 이렇게 질문하고 있습니다.

첫째, 범위가 좁은 질문을 합니다. 학습 내용에 대한 정확한 답을 기대할 때는 더욱 그렇습니다. 학습 내용을 이해하고 있는지 확인하는 질문의 내용이 너무 광범위하거나 모호하면 아이들이 답하기 어렵습니다. '공정한 재판을 위해 법원에서 실시하고 있는 제도에는 무엇이 있나요?'라는 물음에는 답은 여러 개입니다. 그것을 다 알지 못하는 아이들은 손을 들기 쉽지 않습니다. '공정한 재판을 위해 한 사건에 대해 세 번까지 재판받을 수 있는 제도를 무엇이라고 할까요?'라고 물으면 삼심제도라는 답을 바로 들을 수 있습니다.

둘째, 질문하고 생각할 시간을 줍니다. 정답이 있는 질문, 저마다의 생각을 묻는 질문, 선생님이 하는 질문, 아이들이 하는 질문 모두 생각하는 시간이 필요합니다. 우리 교실에서는 질문 뒤에 1분간 기다리는 것이 규칙입니다. 손도 들지 않습니다. 답을 찾고 재빨리 손드는 아이들을 보면 아직 답을 찾지 못한 아이들은 생각하기를 포기합니다. 어차피 답변은 손드는 아이들의 몫이라고 생각하니까요. 아이들이 생각하는 시간에는 선생님도 조용히 합니다. 온전히 생각할 수 있는 분위기를 만듭니다.

셋째, 아이들의 답을 들을 때도 전략이 필요합니다. 적당한 긴장감을 유지하기 위해 자기가 뽑힐 것 같은 단서를 주지 않습니다. 누구나 알 것 같은 쉬운 질문은 번호뽑기통을 사용합니다. 답을 찾은 것 같은 아이들의 답을 듣고, 추가 질문을 통해 답을 완성하게 할 때도 있습니다. 답에 대한 보완이 필요할 때는 평소 제일 먼저 손드는 아이를 찾습니다. 선생님이 하나, 둘, 셋 하고 외치면 모두 함께 대답하기도 합니다. '하늘에서 파란색 비가 내린다면 어떤 일이 일어날까요?'와 같은 열린 질문의 경우, 아이들이 답을 한두 문장으로 메모지에 쓰게 합니다. '아직 생각 못 했어요'라고 말하는 아이들의 수가 감소합니다.

넷째, 수업 시작하기 전에 오늘 배울 내용을 질문으로 만들어 보기도 합니다. 아이들의 질문을 칠판에 적고 수업합니다. 아이들은 (대분수)÷(대분수)를 배우기 앞서 '(대분수)÷(대분수)는 어떻게 하나요?'라고 원리를 묻기도 하고, 실제 나눗셈 문제를 만들기도 합니다. 수업을 마치기 전, 질문에 대한 답을 스스로 작성하게 합니다. 선생님이 질문하여 학습 내용을 이해했는지 확인하지 않아도 아이들 스스로 학습 내용을 정리하는 시간이 됩니다.

다섯째, 수업을 마무리할 때 더 알고 싶은 내용을 질문하기도 합니다. 사회나 과학 시간에 많이 활용하는 방법입니다. 궁금한 내용을 포스트잇에 적어 제출합니다. 아이들이 궁금한 내용을 질문하는 시간입니다.

> 교사 물의 여행에 대해 더 알아보고 싶은 내용을 질문으로 만들어 보세요.
> 학생 수증기와 구름은 같은 것인가요?
> 학생 구름은 하얀색인데 비는 왜 투명한 색인가요?

질문 중 1~2가지를 골라 질문 게시판에 붙이고 아이들이 직접 조사하여 답하도록 합니다. 다음 수업 시작 전에 복습 겸 간단히 설명합니다.

여섯째, 꼬리에 꼬리는 무는 질문을 하기도 합니다. 이것은 소크라테스의 산파법과 비슷합니다. 선생님이 질문하면 아이가 대답합니다. 선생님은 아이의 대답에서 질문을 찾아 또 질문합니다. 마을 한가운데 사과나무에서 열리는 황금사과로 인해 오랜 세월 윗마을과 아랫마을로 나뉘어 다투다가 '사과'라는 이름을 가진 아이로 인해 화해하는 내용을 다룬 '황금사과'를 수업할 때였습니다.

> 교사 아이의 이름을 사과로 지은 까닭은 무엇일까요?
> 학생 마을 사람들이 서로 사과하라고 지은 것 같아요.
> 교사 마을 사람들은 왜 서로 사과를 해야 할까요?
> 학생 서로 황금사과를 갖기 위해 욕심을 부렸어요.
> 교사 사람들의 욕심으로 마을에 어떤 일들이 생겼나요?
> 학생 마을 한가운데 높은 장벽이 생겼어요.
> 교사 높은 장벽은 어떻게 하면 없어질 수 있을까요?

아이들이 자유롭게 질문하는 교실에서는 수업이 살아있는 것 같습니다.

아이들이 신체적으로 움직이지 않아도 묻고 답하는 행위만으로도 활동적입니다. 궁금한 것을 바로 질문할 수 있는 분위기가 만들어진 교실에서 아이들과 선생님이 어떤 식으로 생활하는지 우리는 충분히 짐작할 수 있습니다. 질문하는 것이 어색하지 않은 아이들은 선생님의 질문을 받는 것이 두렵지 않습니다. 아이들의 엉뚱한 질문도 재치 있게 받는 선생님은 아이들의 질문이 수업에 활력을 준다는 것을 알고 있습니다.

이 세상에 좋지 않은 질문은 단 하나도 없다고 합니다. 저는 오늘도 하교 시간에 호기심 상자를 확인합니다. 하루 동안 궁금한 내용이 있으면 질문을 적어 호기심 상자에 넣습니다. 선생님이 답변할 때도 있지만 아이들이 답해야 할 때도 있습니다. 수업 내용도 있지만 일상생활에 관한 이야기도 있습니다.

"선생님, 분수의 나눗셈은 왜 배워야 해요?"

"정현아, 점심시간에 왜 내 어깨 치고 갔어?"

아이들의 질문을 읽을 때면 아이들이 무슨 생각을 했는지 짐작할 수 있습니다. 선생님도 질문이 가득한 교실을 만들어 보세요.

'어떻게 하면 아이들이 잘 대답할 수 있는 질문을 할까?' '어떻게 하면 아이들이 질문을 잘 이해할까?'만 생각했어요. 선생님과 이야기를 나누고 난 후 아이들이 무엇을 궁금해할지도 생각했어요. 그래서 저도 시도해 봤어요.

첫째, 수업 시간 전에 수업 내용을 슬쩍 보고 질문 만들어 보기
둘째, 우리 반 호기심 상자 만들기

아이들은 자신들이 만든 질문에 선생님과 친구들이 대답한다는 사실이 재미있나 봅니다. 수업을 시작하면 자신이 만든 질문을 말하고 싶은 아이들이 많아졌어요. 매번 대답하는 수동적인 입장이었는데 이제는 입장이 바뀌었어요. 교과서에 꼼꼼히 숨어 있는 내용도 질문으로 만들고, 숨은 그림 찾기 하듯 찾습니다. 덕분에 수업 시간에 활기가 생겼어요.

프로젝트 학습,
마음먹으면 할 수 있어요

Q 저는 매 차시 수업 나가기도 벅찬데 프로젝트 수업을 준비하는 선생님을 보면 대단해 보여요. 아직 프로젝트 수업이 무엇인지 모르는데 프로젝트 수업에 도전할 수 있을까요?

프로젝트는 어떠한 주제에 대해 문제를 해결하거나, 새로운 시스템을 만드는 등 일정 기간 결과물을 만들어 내는 과정을 말합니다. 이것이 교실에 녹아들면서 아이들이 자신의 삶과 관련된 주제를 아이들 스스로 탐구하는 자기 주도적 학습 활동의 모습을 가지게 되었습니다. 여기에는 아이들이 계획하여 학습 활동을 수행하고, 생각한 것을 구체화하고 실현한다는 의미가 포함되어 있습니다. 사소한 차이지만 아이들이 중심이기 때문에 프로젝트 수업보다 프로젝트 학습이란 말이 더 어울립니다.

선생님은 왜 프로젝트 학습에 도전하고 싶으신가요? 미래를 살아갈 아이들에게는 산업사회에서 요구했던 것과는 다른 능력들이 필요합니다. 외부 변화에 가장 느리게 반응하는 교실에서도 미래를 살아갈 아이들에게 필요한 역량이 무엇이고, 이러한 역량을 기르기 위해서 어떤 교육이 필요한가에 대한 고민을 시작했습니다. 아이들이 배움의 과정에서 중심으로 들어와 주도적으로 수업을 설계하고 실천하는 등 수업의 변화를 시도했습니다. 이것이 프로젝트 학습이 필요한 이유입니다. 프로젝트 학습은 선생님의 개인적인 바람이지만 이제는 사회가 요구합니다. 도전해 볼 충분한 가치가 있습니다.

저는 프로젝트 학습을 이렇게 준비했습니다. 모든 수업이 그렇듯 아이들과 선생님이 다른 한 완벽하게 똑같은 방식은 있을 수 없습니다. 제가 소개한 방법을 참고하여 선생님만의 방법을 찾아가시면 좋겠습니다.

첫째, 먼저 아이들의 성향을 파악했습니다. 프로젝트 학습은 대부분 모둠으로 진행합니다. 자기 의견을 적극적으로 말하며 이끌어 가는 것을 좋아하는 아이, 결과 정리에 꼼꼼한 아이, 스마트 기기를 잘 다루며 검색에 능숙한 아이, 그림 잘 그리는 아이가 모둠마다 있으면 모둠별 큰 차이 없이 프로젝트 학습을 이끌 수 있습니다. 프로젝트 학습 주제에 따라 모둠을 바꿀 때도 성향이 다른 아이들이 골고루 배치합니다.

둘째, 프로젝트 학습을 위한 사전 연습도 중요합니다. 아이들은 서로 의견을 주고받으며, 문제를 해결해야 합니다. 자기 생각을 먼저 말하고 싶은 아이도 있고, 주장을 끝까지 고집하는 아이도 있습니다. 말하지 않는 아이도 있습니다. 생각한 것에 대해 돌아가며 말하는 연습을 합니다. 때로는 종이에 써서 책상 가운데 놓고 장단점을 얘기합니다. 모둠의 의견이 정해지면 그 의견을 존중하는 연습도 필요합니다.

태블릿이나 노트북으로 검색하는 방법도 알아야 합니다. 저학년 아이들은 아직 전자기기 사용이 어렵습니다. 그리고 검색어를 통해 자료 찾는 연습을 충분히 해야 합니다. 자신이 찾은 자료를 문장으로 정리하는 연습도 필요합니다. 자료를 복사하여 출력 후 사용하는 것보다, 연필로 요약하는 것이 더 좋습니다. 아이들이 자신들의 글씨로 쓸 때 오래 기억이 남습니다. 사진이나 그래프 자료를 활용할 경우를 대비해서 화면을 캡처하는 방법과 선생님께 전송하는 방법도 같이 실행해 봅니다.

셋째, 프로젝트 학습에 적합한 수업 주제를 찾아야 합니다. 모든 수업을 프로젝트로 진행할 수는 없습니다. 아이들이 배우고 싶은 주제에 아이들의 활동을 추가할 수 있다면 프로젝트 학습에 도전해 볼 만합니다. 1~2차시의 작은 프로젝트들을 통해 아이들이 학습에서 자신의 역할을 연습하는 것이 중요합니다. 익숙해진 아이들은 장기간에 걸쳐 진행되는 프로젝트 학습에도 지치지 않고 목표를 이룰 수 있습니다.

넷째, 프로젝트 학습을 위해 교육과정 재구성을 하는 것이 좋습니다. 실제 프로젝트 학습의 고민은 여기에서부터 본격적으로 시작됩니다. 아이들의 생각에 따라 학습 방향이 결정되기 때문에 예상보다 더 시간을 확보해

주제 : 길에서 죽어가는 동물들을 살리는 "생태통로"(예시)		
	중심 교과	**연계 교과**
단원	4학년 1학기 국어 8단원. 이런 제안 어때요 (8차시)	4학년 1학기 미술 3단원. 생각대로 느낌대로 (6차시)
성취기준	[4국03-03] 관심 있는 주제에 대해 자신의 의견이 드러나게 글을 쓴다.	[4미02-04] 표현 방법과 과정에 관심을 가지고 계획할 수 있다.
교과 학습	● 문장의 짜임에 대해 알기 ● 제안하는 글쓰기 방법 알기	● 대상을 탐색하고 떠오르는 느낌과 생각을 다양한 방법으로 나타내기
재구성 요소	●『생태통로』그림책으로 동물들이 처한 상황 이해하기 ● 길 위에서 죽어가는 동물과 관련된 자료 조사하기 ● 생태통로가 무엇인지 알아보기 / 재활용품을 활용하여 생태통로 건설하기 ● 길에서 죽어가는 동물들을 살리는 생태통로 건설 제안하는 글쓰기 ● 관련 기관 홈페이지에 제안하는 글 올리기		

야 합니다. 성취 기준에 근거해서 중심 교과에 꼭 필요한 학습 내용을 선정하고, 다른 교과 단원과 연계할 수 있는 요소를 찾습니다.

다섯째, 선생님은 계획을 완성한 후, 아이들과 이야기 나누며 계획을 수정해야 합니다. 아이들에게 프로젝트 수업의 주제를 설명하고, 왜 해야 하는지도 이야기합니다.

"6월은 환경의 달입니다. 환경이 변하면서 고통받는 동물들이 많아지고 있어요. 이 수업을 통해 길 위에서 죽어가는 동물들이 줄었으면 좋겠어요."

아이들은 환경에 관심이 많습니다. 아이들은 예상보다 많은 의견을 말합니다.

"집에 있는 책을 가져와서 환경 도서관을 만들었으면 좋겠어요."

"아파하는 동물 캐릭터를 만들어요."

아이들의 의견을 반영하여 새로운 계획서를 만듭니다. 수업의 흐름을 그림으로 만들어 학습 게시판에 붙이면, 아이들도 현재 어떤 학습을 하고 있는지 알 수 있습니다.

여섯째, 프로젝트 학습은 아이들이 중심이 되는 수업이지만, 선생님도 중심에 같이 있어야 합니다. 아이들의 관심과 생각에 따라 방향이 바뀔 수 있지만, 아이들의 학습 방향과 목표는 언제나 선생님이 정확하게 인식하고 끊임없이 제시해야 합니다. 아이들은 전문가로서 탐구하는 것이 아니기 때문에 뜻대로 되지 않는 경우도 많을 것입니다. 선생님이 옆에서 도와야 합니다. 친구들과 의견 차이도 당연히 존재합니다. 선생님은 의견 차이를 보이는 아이들 사이에서 중재자가 되어야 합니다.

선생님은 아이들이 알아야 하는 교과 지식을 정확히 전달해야 합니다. 교과 지식은 프로젝트 학습 목표를 달성하기 위한 수단입니다. 제안하는 글쓰기를 위해서는 문장의 짜임에 따라 문장을 서술하는 연습이 필요합니다. 제안하는 글쓰기가 무엇인지, 어떤 형식을 갖추어야 하는지도 알아야 합니다. 프로젝트 학습이 진행되는 도중에도 안내자 역할은 선생님이 계속해야 합니다.

일곱째, 프로젝트 학습 진행 과정에서 생기는 결과물을 게시하는 것이 좋습니다. 프로젝트 학습이 진행되는 동안 교실은 동물들로 가득 찹니다. 벽면은 학습지가 계속 붙고, 한쪽에서는 유형별 생태통로가 만들어집니다. 아이들은 자신들과 친구들의 결과물을 확인하고, 부족한 부분을 채우기 위해 비교도 합니다. 프로젝트 학습이 마무리되는 날까지 결과물이 계속 늘어납니다. 결과물이 늘어갈수록 아이들의 집중력이 높아지는 것 같습니다.

프로젝트 학습이라고 해서 아이들에게 대단한 결과물을 기대하지 않습니다. 제가 바라는 것은 아이들이 배우고 싶은 것을 스스로 생각하고, 실현하는 과정입니다. 누구나 한 번씩 자기의 생각을 말하고 대화를 통해 의견 맞춰가는 과정을 경험하는 것입니다. 아이들 중심의 학습이므로 모둠원들과 함께 만든 결과물도 최대한 존중하려고 합니다. 컴퓨터로 출력한 것보다 아이들 손으로 꼬불꼬불하게 쓴 글씨로 완성된 결과 보고서가 더 좋습니다. 선명한 사진보다 어설픈 아이들의 그림이 더 마음에 듭니다.

저는 매년 소소한 것부터 프로젝트 학습을 시작합니다. 지금도 새로운 프로젝트 학습을 구상 중입니다. 아이들과 만난 지 얼마 되지 않아, 1~2차시의 짧은 프로젝트를 반복하면서 아이들이 스스로 할 수 있는 역량을 키우려고 합니다. 아이들이 프로젝트 학습에 익숙해지면 점차 그 기간과 규모를 넓히려고 합니다.

선생님, 처음부터 거대한 프로젝트에 도전하면 아이들도 선생님도 힘들고 지칠 수 있습니다. 작은 것부터 차근차근 시작해 보세요. 프로젝트 학습을 혼자 시작하기 힘듭니다. 여러 선생님과 함께하기를 권합니다. 동학년 선생님들과 함께 시작하거나 교사 학습 공동체 선생님의 도움을 받아 보세요. 그들 중에는 이미 프로젝트 학습을 경험한 선생님이 있을 것입니다. 한 해를 마무리할 때 프로젝트 학습 전문가 선생님이 되어 있기를 기대합니다.

❗ 후배 선생님이 들려주는 교실 이야기

프로젝트 학습이라고 하니까 너무 어렵게 생각되었습니다. 처음에 어떻게 시작해야 하는지도 몰랐습니다. 하지만 마음 한구석에는 언젠가 꼭 한번 도전하고 싶은 생각이 있었습니다. 선생님과 이야기 나눈 후 작은 프로젝트를 시도했습니다.

'봄의 향기 나는 작은 리코더 음악회'를 위해 아이들은 봄과 관련된 리코더 악보를 검색하고, 모둠 친구들과 연습합니다. 리코더 연주를 잘하는 아이들이 꼬마 선생님이 되어 리코더 운지법부터 차근차근 가르쳐 줍니다. #이 붙은 음표도 검색을 통해 같이 해결합니다. 저는 공통 곡을 가르치면서 아이들의 성장을 확인합니다.

연주회 무대를 꾸미고, 영상도 촬영했습니다. 우리들의 첫 음악회는 성공적이었습니다. 아이들도 즐겁고, 저도 뿌듯했습니다. 영상으로 보는 부모님들도 흐뭇했습니다. 아이들과 함께 목표를 향해 나아가는 프로젝트 학습, 선생님들이 왜 도전하는지 그 이유를 알게 되었습니다.

초등교사는 모든 교과를
자신 있게 가르쳐야 해요

Q 미술 시간이 되면 아이들 앞에서 그림을 그리고 색칠하는 것을 보여주고 싶은데, 저는 그림을 못 그려요. 저 때문에 아이들이 미술을 제대로 배우지 못하는 것은 아닌지 미안할 때가 많아요. 선생님, 그림을 못 그리는 제가 미술을 가르칠 수 있을까요?

저도 저경력 교사였을 그때 미술 수업만 하려면 마음이 무거웠습니다. '붓글씨를 배운 적이 없는데, 판본체를 가르칠 수 있을까?', '나보다 그림 잘 그리는 아이들이 많은데, 수채화는 어떻게 가르치지?'라는 생각이 머릿속에 가득 찼습니다. 이 문제는 미술뿐만 아니라 다른 교과도 똑같이 나타났습니다.

"글쓰기에 자신 없는데, 논설문 쓰기를 어떻게 가르치지?"

"뜨개질은 교대에서 실습으로 딱 한 번 해봤는데, 어떻게 수업해야 할까?"

"단소 소리도 제대로 나지 않는데, 아이들 앞에서 어떻게 시범을 보이지?"

아이들을 가르친 지 15년이 훌쩍 지난 요즘에는 이 고민을 하지 않습니다. 작가처럼 글을 쓰지 못해도 아이들을 가르칠 수 있습니다. 뜨개질을 능숙하게 하지 못해도 실과 시간에 뜨개질 수업을 할 수 있습니다. 가르쳐야 할 기능에 부족함을 느끼더라도 이전처럼 부끄러워하지 않습니다. 저는 초등교사이기 때문입니다.

교사는 전문가입니다. 교육기본법 제14조 제1항에 '학교 교육에서 교원의 전문성은 존중되며, 교원의 경제적·사회적 지위는 우대되고 그 신분은 보장된다'라고 교사의 전문성을 인정하고 있습니다. 그렇다면 우리는 어떤 분야의 전문가일까요? 의사가 병을 고치는 전문가이듯, 교사는 수업 전문가입니다. 교사가 다른 직업과 차별되는 업무가 가르치는 일 즉 수업이기 때문입니다. 선생님이 아이들을 가르치기 위하여 좋은 학습 분위기를 만들어 아이들이 수업에 적극적으로 참여한다면 선생님에게는 수업 전문성이 있다고 말할 수 있습니다.

한 교과를 집중적으로 수업하는 중, 고등학교 교사와 모든 교과를 가르쳐야 하는 초등교사의 수업 전문성은 같을까요? 저는 분명 다르다고 생각합니다. 초등학교 교육은 학생의 일상생활과 학습에 필요한 기본 습관 및 기초 능력을 기르는 것이 중요하다고 교육과정 총론에 명시되어 있습니다. 초등학교 선생님이 가르쳐야 할 것은 학습 습관, 즉 학습하는 방법을 위한 학습(learning how to learn)입니다.

선생님은 다양한 교과를 가르치면서 특정 교과 내용 자체보다, 아이들이 스스로 학습할 수 있는 능력을 얻도록 도와야 합니다. '무엇을 가르치는가' 보다 '어떻게 가르쳐야 하는가'에 대해 더 고민해야 합니다. 저는 이 부분에서 초등교사가 전 과목을 가르쳐야 하고, 가르칠 수 있는 이유에 대한 답을 찾았습니다. 그리고 선생님과 제가 그림을 못 그려도 미술을 가르칠 수 있는 이유가 여기에 있습니다.

먼저 미술 교과를 살펴보겠습니다. 20세기 초까지만 해도 서양에서는 전문 예술가가 아니면 예술을 가르칠 수 없다고 생각했다고 합니다. 그러나 미술 교사는 자신의 교육철학을 가지고 아이들을 이해하는 것에 전문성이 있다는 인식이 널리 퍼지자, 미술 교사와 미술가의 전문성을 다르게 여겼습니다. 초등학교에서 미술 교육은 담임교사에 의해 이루어지며, 거의 모든 교사가 미술을 전공하지 않은 일반 교사입니다. 이러한 상황에서 초등학교에서 미술을 지도하는 선생님에게 요구되는 전문성은 예술가로서의 전문성과는 구별되어야 합니다.

선생님의 고민은 '그림을 못 그리는데 어떻게 풍경화를 가르칠 수 있을까?'가 아니라 '아이들이 어떻게 하면 즐겁게 풍경화를 그릴 수 있을까?'로 바뀌어야 합니다. 초등 미술 교육의 목표는 미술의 기초 능력을 기르기 위해 주제를 다양한 방식으로 탐색하고 자유롭게 작품을 제작하는 경험을 주는 것입니다. 표현 주제를 정하면, 선생님이 가능한 방법을 다양하게 적용할 수 있다는 것으로 이해할 수 있습니다. 자화상을 그리기 힘들면, OHP 필름 아래에 사진을 두고 따라 그릴 수 있는 것입니다. 물감 사용이 서툴러 색의 느낌을 표현하기 힘들다면, 색연필이나 파스텔을 사용해도 괜찮습니다.

그림 실력은 없지만 저는 오늘도 미술 수업을 진행했습니다. 자신을 닮은 동물 캐릭터 그리기였습니다. 전문가가 소개하는 캐릭터 그리는 방법을 보고 순서대로 미리 연습했습니다. 단계별로 사진을 찍어 간단한 설명을 추가한 파워포인트를 제작했습니다. 방법을 설명할 때 칠판에 직접 그림을 그렸습니다. 파워포인트에 있는 그림을 볼 때보다 칠판에 직접 그렸을 때 아이들은 환호했습니다. 아이들은 선생님이 그린 그림을 평가하지 않습니다. 선생님의 미술 실력이 전문가 수준이 아니라도 크게 개의치 않습니다.

선생님이 잘 그리면 감탄하고, 실수하면 책상을 치며 웃습니다. 미술로 즐거움을 얻으면 그것으로 만족합니다.

저는 미술 시간이 되면 꼭 하는 일이 있습니다. 아이들이 그림을 그리기 시작하면 선생님의 설명대로 잘 그리는 아이들을 찾습니다.

"하얀이 그림을 같이 보겠습니다. 얼굴을 타원형으로 잘 그렸고, 눈이 살짝 오른쪽으로 치우친 것이 꼭 그 방향을 보고 있는 것 같아요. 팔과 다리의 두께도 얼굴 크기와 잘 어울려요."

선생님의 그림보다 잘 그린 아이들의 그림이 더 좋은 예시자료가 됩니다.

"잠시 그리는 것을 멈추고 친구들 그림을 둘러보세요. 잘 그린 친구에게 방법을 물어보고 따라 해보세요."

중간 감상 시간을 가진 아이들은 자신들이 한 것보다 더 좋은 방법을 찾습니다. 선생님이 직접 시연하지 않아도, 아이들 서로가 예시 작품을 만들어 줍니다.

체육 수업도 마찬가지입니다. 초등 체육 수업의 목적은 아이들이 신체활동으로 건강하게 유지하며, 바른 인성을 기르는 데 있습니다. 아이들을 전문체육인으로 키우는 것이 아닙니다. 선생님이 가르치는 학생들은 그저 끊임없이 움직이고 싶어 하는 아이들입니다. 선생님이 체육 시간에 아이들과 함께할 일은 즐거운 움직임을 만드는 일입니다. 짧은 시간에 익힌 기능으로 놀이 수준으로 변형된 네트형, 필드형, 영역형 게임을 하는 것입니다. 아이들이 제일 좋아하는 수업이 계속해서 체육일 수 있도록 같이 즐길 수 있는 다양한 놀이를 찾아 적용하는 것입니다.

요즘 체육 수업은 교과 전담 선생님이나 스포츠 강사가 담당합니다. 체육 수업을 다녀오는 아이들의 표정은 언제나 즐겁습니다. 아이들은 체육 수업을 수업이 아닌 놀이로 생각합니다. 일주일에 적어도 한 번은 선생님이 직접 체육을 수업해도 좋습니다. 1시간을 온전히 함께할 수 없다면, 체육 선생님의 양해를 구해 아이들 사이에 끼어서 같이해 보세요. 피구를 할 때 선생님을 먼저 아웃시키려는 짓궂은 아이들의 희생양이 되기도 하지만, 심리적으로 아이들과 가까워질 수 있습니다.

체육 수업을 준비해야 할 때도 걱정하지 마세요. 인터넷을 검색하면 즐거운 체육 활동이 동영상으로 소개되어 있습니다. 축구, 배구, 테니스와 같은 전통적인 종목을 변형한 즐거운 활동부터 새로운 교구를 이용한 활동까지 다양합니다. 선생님도 아이들도 쉽게 따라 할 수 있습니다. 네트형 게임이라고 해서 배구를 전문적으로 가르치는 것이 아니니까요. 아이들은 커다란 짐볼을 들어 네트 건너편으로 넘기는 것만으로도 즐겁습니다.

지금까지 미술과 체육에서 선생님이 전문적인 기능을 갖추지 못해도 수업할 수 있는 이유에 대해 말씀드렸습니다. 물론 실과나 음악 그리고 국어도 따로 소개하지 않았지만 같은 이유입니다. 그렇지만 한 가지 꼭 부탁드리고 싶은 것이 있습니다. 전문적인 기능을 갖추지 않아도 수업할 수 있지만, 그 기능을 갖추었다면 더 풍성한 수업을 할 수 있을 것입니다.

단소를 잘 부는 선생님의 학급 아이들의 단소 소리가 정말 아름답습니다. 글쓰기를 잘하는 선생님 반 아이들 사이에 작가가 몇 명 탄생합니다. 선생님, 1년에 한 개씩 배워가면 10년이면 10개의 기능을 배울 수 있습니다. 저는 작년에 글쓰기를 배웠습니다. 그전에는 오카리나와 리코더 연주를 배웠습니다. 올해는 다양한 체육 놀이에 도전하고 있습니다. 교육의 질은 결코 교사의 질을 넘어서지 않는다는 것은 교육계의 오랜 명언입니다. 교사는 자신의 질을 향상시키기 위해 부단한 노력을 해야 합니다.

선생님이 수업에 자신이 없다고 말하는 것 같아 부끄러웠지만, 이야기를 나누고 난 후 마음이 편해졌습니다. 선생님이 못한다고 소극적이면 아이들에게 계속 미안할 것 같았거든요. 전문가처럼 잘하지 않아도 된다는 말씀에 위로받고, 1년에 하나씩이라도 배우라는 말씀에 도전 의지가 생겼습니다.

이야기를 나눈 후 첫 미술 시간에 선생님의 방법대로 해봤습니다. 부족한 솜씨지만 저의 그림 그리는 모습을 본 아이들은 파워포인트와 말로 설명하는 것보다 잘 이해했습니다. 중간 감상 시간은 정말 탁월했습니다. 아이들은 자기 그림을 보여주는 것에 부끄러워하면서도 친구의 그림을 보고 배울 것을 찾았습니다.

아직 배울 것이 많은 선생님이지만 아이들 앞에서는 자신 있게 수업하려고 합니다. 하나씩 배워가는 노력도 게을리하지 않겠습니다.

선생님도
실수할 수 있어요

Q 수업할 때 가끔 아이들 앞에서 실수할 때가 있어요. 아이들은 그 실수를 모를 때가 많지만, 스스로 부끄러움에 얼굴이 화끈거려요. 선생님도 그런 적이 있나요?

수학 시간에 소수의 덧셈과 뺄셈 원리를 설명하는데, 아이들이 웅성거립니다. 몸을 돌려 앞뒤 친구들과 소곤거립니다.

"뭐가 틀렸나?"

"선생님, 소수점을 잘못 맞췄잖아요."

아이들은 선생님의 실수에 핀잔을 주기보다, 틀린 부분을 찾아냅니다. 저는 얼굴을 붉히기보다, 소수점 맞추기의 중요함에 대해 다시 강조해 주었습니다. 우리는 자연스럽게 다음 내용으로 넘어갈 수 있었습니다.

저는 초임교사부터 이런 유연한 성격이 아니었습니다. 수업 중 아이들 앞에서 말문이 막히면 얼굴이 붉게 달아올랐습니다. 아이들이 웅성거리면, 저는 실수한 일을 무마하려는 듯 화를 냈습니다. 아이들 앞에서 실수하는 선생님은 무능하다고 생각했습니다. 아무리 수업 준비를 잘해도 매번 붉어지는 얼굴은 어찌할 수 없었습니다.

어느 시점부터 제가 실수를 유연하게 받아들였는지 정확히 기억나지 않습니다. 그렇지만 제목도 기억나지 않는 책 내용 일부가 생각납니다.

"전통적인 수업에서 교사는 지식 전달자이고, 최고의 전문가입니다. 학생은 교사가 전달해 주는 것을 비판 없이 수동적으로 받아야 했습니다. 그때는 교사의 실수가 적었습니다. 교재 내용을 전달하는 것이 교사의 역할이었으니까요. 그러나 요즘 수업의 형태는 이전과 다릅니다. 수업 과정에서 교사와 학생의 의사소통이 활발합니다. 학생은 활동적으로 수업에 참여합니다. 수업 중에 돌발상황이 많아졌습니다. 교사는 전달하고 학생은 듣기만 하던 이전 수업보다 수업 중 실수할 가능성이 훨씬 커졌습니다."

선생님의 실수를 해명해 주는 이 글을 읽고 마음이 풀렸습니다.

선생님의 실수는 다양한 장면에서 발생할 수 있습니다. 수업 준비를 못했다면 실수할 가능성이 더 늘겠지만, 수업 준비를 철저히 했음에도 실수는 일어날 수 있습니다. 지금까지 제가 했던 과거의 실수를 되돌아보니 다음과 같은 경우에 저는 실수를 했습니다.

선생님이 집중할 수 없는 불안한 마음으로 수업한다면, 실수가 일어날 수 있습니다. 선생님의 주의를 흐트러뜨릴 수 있는 일은 많습니다. 아침에 선생님 가정에 문제가 생겼다면 당연히 그 일에 신경이 쓰일 것입니다. 급하게 처리할 공문도 선생님의 마음을 어지럽힙니다. 쉬는 시간에 학부모로부터 온 문자도 머릿속을 복잡하게 만듭니다. 이때는 아무리 쉬운 수학 문제를 풀더라도 실수할 수 있습니다.

선생님의 불안한 마음은 아이들이 가장 먼저 느낍니다. 선생님이 설명하는 말의 빠르기나 높낮이에서도 아이들은 분명히 차이를 알아챕니다. 예민한 선생님은 평소와 같이 떠드는 아이에게도 민감하게 반응하니까요.

수업에 집중할 수 없는 상황이라면 아이들에게 솔직히 이야기하는 것이 좋습니다. 아이들과 실수 찾기 놀이 수업을 진행해 보세요.

"쉬는 시간에 급하게 처리해달라는 공문을 왔어요. 복잡한 내용이 있어서 선생님 머릿속도 복잡해졌어요. 수업 중에 선생님이 실수할 수 있으니까 무엇을 실수하는지 잘 찾아보세요."

아이들은 선생님이 실수하기만을 기다립니다. 선생님의 말 한 마디, 한 마디에 귀 기울이니 집중력이 급격히 올라갑니다.

아이들의 돌발 질문에 당황했을 때, 선생님은 실수할 수 있습니다. 선생님은 수업 전문가이므로 수업 내용은 대부분 잘 알고 있습니다. 혹시 모르는 부분이 있으면 수업을 준비할 때 정확히 이해하고 수업합니다. 다만, 아이들의 돌발 질문에 답하려고 할 때 순간적으로 기억나지 않을 수 있습니다.

"선생님, 지구는 서쪽에서 동쪽으로 자전하잖아요. 그런데 왜 우리가 지도에서 보는 방향과 반대인가요?"

당연하다고 생각했던 것을 질문하는 아이들이 있습니다. 순간 말문이 막힙니다. 당황한 상태에서 불완전하게 설명하면 정확한 지식을 전달할 수 없습니다.

아이들의 돌발 질문에 저는 이렇게 대처했습니다.

"형범아, 궁금한 내용을 조사해서 다음 시간에 발표할 수 있을까? 선생님도 좀 더 정확한 이유를 찾아볼게."

지금까지 형범이가 조사해서 발표한 적은 한 번도 없습니다. 언제나 제가 설명해 주어야 했지요. 그래도 아이들에게 어설픈 설명보다 정확한 지식을 주는 것이 더 현명한 선택이었습니다.

만약 사전 실험을 하지 않고 실험 수업을 계획했다면, 수업이 제대로 이루어지지 않을 수 있습니다. 교과서에 방법대로 실험해도, 의도한 결과가 제대로 나오지 않는 경우가 많기 때문입니다. 선생님은 사전 실험으로 실험 결과를 확인하기보다 실험에 실패할 수 있는 다양한 요인을 확인해야 합니다.

오늘도 현석이가 전기회로 스위치를 누르자마자 선생님을 부릅니다.

"선생님 전구에 불이 안 켜져요."

"건전지 방향에 맞춰서 잘 끼웠어?"

"선생님 그래도 전구에 불이 안 켜지는데요?"

실험하기 전에 꼬마전구를 확인하지 않아서 생긴 일입니다. 선생님이 사전 실험을 하지 않으면 다양한 상황에 대처할 수 없습니다. '왜 그렇지? 무엇이 잘못되었을까?'라고 당황하는 선생님보다 '이 부분을 이렇게 해 볼래?'라고 정확하게 말해주는 선생님이 더 믿음직스럽습니다.

선생님이 시범을 보여야 하는 수업에서도 실수가 나타날 수 있습니다. 교과 내용을 살펴보면 선생님이 행동으로 시범을 보여야 하는 경우가 많습니다. 체육은 두말할 것도 없고 실과도 교사의 시범이 필수입니다.

"오늘은 바느질 중 박음질을 연습하려고 합니다."

선생님은 영상으로 박음질을 보여주고, 칠판에도 그림을 그려 보여줍니다. 그래도 아이들은 자꾸 선생님 앞으로 몰려듭니다. 선생님은 아이들이 보는 중에 실제 박음질을 보여줘야 합니다. 시침질, 홈질, 박음질, 반박음질…… 선생님이 바느질을 해 본 경험이 없다면, 생각보다 어렵습니다. 실수할 수 있습니다. 기능 수업에서는 선생님도 연습이 필요합니다.

선생님이 실수할 때, 아이들은 어떻게 반응하는지 자세히 살펴본 적이 있나요? 선생님의 실수를 학생이 어떻게 생각하는지에 대해 연구 내용을 본 적이 있습니다. '학생들은 교사의 실수에 대해 특별한 생각이 없다'라고 답했다고 합니다. 초임교사 때 수학 문제를 설명하다가 실수했을 때, 사실 저희 반 아이들도 그랬을 것입니다. 괜히 선생님 스스로 부끄러워 얼굴이 붉어졌던 것이지요.

저는 선생님의 실수에 대해 이렇게 말씀드리고 싶습니다. 선생님, 누구나 실수합니다. 선생님도 사람이니까요. 실수는 선생님의 경력과 관계없이 일어날 수 있는 일입니다. 선생님이 실수했다고 누구도 선생님을 탓하지 않습니다. 부끄러워할 필요가 없습니다. 실수했다는 사실보다 중요한 것은 실수를 어떻게 바로잡았는가일 것입니다. 이미 실수를 했다면, 실수에 대해 해명하기보다 실수를 인정하고, 학습 내용을 강조하는 새로운 상황으로 이끌면 됩니다. 선생님 스스로에게 자신을 갖고, 조금은 유연하게 대처하길 바랍니다.

사람은 누구나 실수할 수 있는데 선생님이라는 이유로 저의 실수에 대해 스스로 부끄러웠습니다. 아이들 앞에서는 언제나 완벽한 모습을 보여야 하고, 정확한 지식만 전달해야 한다는 강박관념이 있었습니다. 그런 생각 때문인지 사실제가 실수를 많이 해요. 수업 시간에 이상한 예를 들어서 설명하기도 하고, 수학 문제도 가끔 틀려요. 실수를 인정하고 다시 설명하는데 얼굴이 빨개지는 것은 어쩔 수 없어요.

마트에서 가격을 잘못 계산하면 5,000원을 보상해 주는 시스템이 문득 생각났습니다. 아이들에게 이렇게 말했어요. '선생님이 실수한 것을 알게 되면 손들고 말해줘요. 젤리 보상을 시작하겠습니다'

이제 얼굴이 빨개지지 않습니다. 저의 실수를 젤리가 대신 보상해 주거든요. 저의 부끄러움을 젤리에 맡겼습니다. 물론 실수가 없었으면 좋겠지만, 실수했을 때 유연하게 대응하니, 마음이 한결 편해졌습니다.

선생님,
잠시 쉬어 가도 괜찮아요

Q 지난주 금요일 아이들을 보내고 교실에 앉아 있는데 갑자기 몸에 힘이 빠져 아무것도 할 수 없었어요. 아픈 것은 아닌데 지금까지 했던 것들이 하기 싫어졌어요. 벌써 지치면 안 되는 것이지요?

직장인 대부분은 소진(Burnout)을 경험합니다. 교사도 마찬가지입니다. 선생님의 일과를 짐작해 보겠습니다. 아침이면 누구보다 일찍 출근하시지요? 차례로 등교하는 아이들과 인사하고, 이미 만들어 두었던 수업 자료를 확인하실 것입니다. 업무로 바빠도 쉬는 시간이면 아이들과 시간을 보내겠죠. 아이들이 하교하면 아이들을 위해 또 다른 무언가를 고민하고, 집에서까지 그 고민은 이어질 것입니다.

초등교사의 근무 시간은 오전 8시 30분에 시작하여 오후 4시 30분에 끝납니다. 하지만 선생님의 일과를 보면 8시간을 훌쩍 넘겨 근무의 끝을 정확하게 알 수 없습니다. 몸은 학교를 떠나 집에 있지만, 학교 일이 머릿속에서 계속 떠나지 않는 것 같습니다. 아이들을 위해 고민하는 선생님의 열정은 존경하지만, 지칠 때는 쉬어야 합니다. 쉬지 않고 지금의 상태가 반복된다면 더 힘들어하는 선생님의 모습에 직면할 것입니다.

푹 쉬고 원래 에너지 넘치는 선생님의 모습으로 돌아왔다면 괜찮습니다. 몸이 피곤했을 뿐이니까요. 만약 주말을 보내고 왔는데 여전히 피로와 무기력, 불안과 우울 등과 같은 증상이 여러 날 동안 계속된다면 선생님은 현재 소진(Burnout)을 겪고 있는 것입니다. 소진은 직업의 업무 수행 과정에서 스트레스와 고통을 받아 직업에 대한 열정이나 관심을 점점 상실하는 신체적, 정신적 고갈을 의미합니다. 우리 주변에도 소진을 경험했거나 지금 겪고 있는 선생님들이 생각보다 많다고 합니다.

선생님들이 소진을 겪는 이유는 다양합니다. 수업 준비 및 실행 과정에서 과도한 시간 소모로 인한 피로 누적이 소진의 원인이 됩니다. 예고 없이 갑자기 날아드는 공문과 자신에게 과중하다고 느끼는 학교 업무도 선생님을 힘들게 합니다. 지속적으로 교실 분위기를 뒤흔드는 아이들과 아이의 말만으로 선생님을 판단하는 학부모의 태도도 부담입니다. 문제가 발생했을 때 누군가에게 털어놓지 못하고 혼자 끌어안고 고민하는 선생님의 개인적인 성향도 소진을 깊게 만듭니다.

아이들을 위해 쉼 없이 고민하는 선생님들에게 불쑥 찾아오는 소진은 교사 개인, 학생, 학교 교육 성과 등 교육 전반에 부정적 영향을 끼칩니다. 어떤 선생님은 소진을 경험한 순간 자신의 마음을 이렇게 표현했습니다.

"지금 저는 고슴도치 같습니다. 예전과 같이 아이들 마음을 받아 줄 여유가 없습니다. 아무도 만나고 싶지 않고, 아무것도 하기 싫습니다. 아니 지금은 아무것도 할 수 없습니다. 힘이 빠지고 답답합니다. 소리 지르고 싶습니다. 화가 납니다. 누가 나를 건드려 줬으면 좋겠습니다. 누가 건드리기만 해도 쏘아붙이고 싶습니다. 저는 지금 싸울 준비를 하는 고슴도치 같습니다."

소진을 경험하는 선생님들도 같은 마음일 것입니다. 언제나 앞서 생각했던 아이들이 가까이 다가오지 못하게 벽을 만들 수도 있습니다. 그토록 열정을 바쳤던 아이들을 가르치는 일에 보람을 잃을 수도 있습니다. 뿌듯했던 아이들과의 수업이 부담스러울 수도 있습니다. 그렇지만 안타깝게도 선생님들은 소진이 찾아오면 대부분 스스로 감당하려고 한다고 합니다. 자신의 특수한 상황이며, 자신만의 문제라고 자책합니다. 이전처럼 열정과 에너지를 내지 못하는 자신이 못마땅하고, 아이들에게 미안해하지요.

하지만 소진은 선생님의 잘못이 아닙니다. 지금까지 누구보다 열심히 살았다는 거입니다. 선생님의 마음속 열정이 잠시 쉬고 있는 것일 뿐입니다. 긴 교직 생활에서 잠깐 쉬어 가라는 신호일 뿐입니다. 선생님 자신보다 아이들을 먼저 생각했다는 것은 누구도 부정할 수 없습니다. 그러니 자책하지 않아도 됩니다. 아프면 나를 아프게 하는 상황에서 격리하여 입원해서 치료받듯, 마음속에서일지라도 잠시 아이들과 학교에서 멀어져도 괜찮습니다. 치료가 끝나면, 마음이 편안해지면 다시 돌아오면 되니까요.

그렇다면 어떻게 하면 소진을 겪지 않을 수 있을까요? 사실 그 방법은 이미 널리 알려져 있습니다. '워크 앤 라이프 밸런스(Work and Life Balance)'즉 일과 삶이 균형을 이뤄야 합니다. 학교에서 선생님에게 요구하는 근로 시간은 8시간입니다. 선생님의 하루 중 1/3에 불과할 뿐입니다. 8시간 동안 수업, 생활지도, 급식지도, 상담, 업무처리에 정신없었다면 퇴근 이후의 시간은 온전히 선생님의 시간이 되어야 합니다. 일과 분리된 삶을 위한 시간을 확보해야 합니다. 누구나 알고 있지만, 실천하기 어려운 교사의 워라밸에 대해 이야기해 보겠습니다.

선생님, 근무 시간을 지켜주세요. 앞에서 말했듯 교사의 근무 시간은 오후 4시 30분이면 끝납니다. 일이 마무리되지 않아 조금 늦게 퇴근할 수도 있습니다. 그러나 학교에서 나왔다면, 선생님의 업무도, 아이들에 대한 고민도 교실에 두고 오세요. 아이들 수업 준비를 위해 가방 속에 지도서와 교과서를 잔뜩 짊어지고 퇴근하는 선생님을 보면 밤늦게까지 컴퓨터를 켜고 일하는 모습이 떠올라 안쓰럽습니다. 퇴근하는 발걸음이 가벼워야 쉼도 편안할 수 있습니다.

선생님, 혼자 하려고 하지 마세요. 모든 교과 모든 시간을 선생님의 아이디어로 채울 수는 없습니다. 저는 아침 시간이면 동학년 선생님들께 메신저를 보냅니다.

"선생님, 국어 이야기 구조에 따라 요약하기 수업 자료 보냅니다. 참고할 부분이 있으면 활용하세요."

조금 후 답장이 옵니다.

"선생님의 수업 자료에 맞게 학습지를 만들어 봤어요."

"수학은 제가 만들어 봤습니다. 아이들이 전개도 그리기를 어려워해서 단계별 학습지를 만들었습니다."

학기 초 제가 먼저 수업 자료를 만들어 선생님들과 공유했더니 이제 자연스럽게 서로의 자료를 나눕니다. 수업 나눔이 따로 필요 없습니다. 물론 그 자료를 혼자 고민으로 제작한 것도 있지만, 선생님들이 이용하는 사이트 자료를 우리에 맞게 변형한 것들도 많습니다. 저는 오늘도 국어 학습지와 수학 학습지를 만들지 않아도 되니 집에서는 좋아하는 야구를 볼 예정입니다.

선생님, 수업 생각을 바꿔보세요. 초등학교 수업에서 중요한 것은 무엇을 가르쳐야 하는 것보다 어떻게 가르쳐야 하는 것입니다. 선생님이 아이들에게 해주고 싶은 내용을 꼼꼼하게 자료로 만드는 것도 좋지만, 수업 방법을 다양하게 고민해 보세요. 소크라테스가 했던 것처럼 질문법으로 각 기둥이 무엇인지 알아갈 수도 있습니다. 선생님이 준비한 파워포인트로 비유하는 표현을 가르치지 않아도 재미있는 동시를 읽으며 얼마든지 직유법과 은유법이 들어간 동시를 쓸 수 있습니다.

선생님, 정해진 시간에 편안한 일을 해보세요. 아이들에 대한 고민을 잠시 내려놓을 수 있는 사소한 일이어도 괜찮습니다. 학교에서는 교감 선생님이고, 외부에서는 23권 이상의 책을 집필한 어떤 선생님은 매일 저녁 8시가 되면 홈트레이닝을 합니다. 옆 반 선생님은 마라토너로 매일 저녁식사 전에 러닝을 합니다. 저는 저녁식사 후 집에 있는 아이들과 보드게임을 합니다. 아빠를 이기려고 애쓰는 8살 어린아이를 보고 있으면 하루의 피곤이 풀립니다. 남들이 부러워할 만한 취미가 아니어도 좋습니다. 소소한 행복을 느낄 수 있는 일이면 충분합니다.

선생님, 스스로에게 보상을 주세요. 교실에서 아이들이 무언가 칭찬받을 행동을 하면 머리를 쓰다듬어 주거나 젤리를 주기도 하지요. 수업 자료를 만들고 뿌듯한 날엔 선생님 스스로 머리를 쓰다듬으며 '수고했어'라고 말해보세요. 프로젝트 수업을 마친 날이라면 맛있는 저녁을 드세요. 한 학기를 멋지게 보냈다면, 평소에 가지고 싶었던 것을 자신에게 선물하세요. 저는 방학이 되면 그동안 보고 싶었던 영화를 봅니다. 그냥 볼 수도 있지만, 한 학기를 잘 보낸 선물이라고 말합니다. 생각보다 기분이 너무 좋습니다. 힘들었던 일들이 기분 좋은 기억이 됩니다. 소진이 끼어들 틈이 없습니다.

교사로서의 삶이 지치고 나아갈 일을 잃어버려서 힘들 때 '최소한'의 역할 이외에는 하지 않으려고 하거나, 방학만을 기다리는 회피는 선생님에게 어울리지 않습니다. 선생님이 가시 돋친 고슴도치가 되었을 때도 선생님의 가시가 따뜻한 솜사탕이 되기를 기다리는 아이들이 있습니다. 아이들이 있기에 우리는 다시 힘을 내야 합니다. '현장은 끊임없는 배움의 연속이다'라는 말이 있듯이 교실 속 선생님에게 끊임없이 노력을 요구합니다. 교육과정 운영도, 수업도, 업무도 배워야 하지만 선생님에게 에너지를 충전해 줄 휴식도 배워야 합니다. 지금 휴식이 필요하다고 느끼신다면 컴퓨터를 끄고, 휴대폰도 내려놓고, 지그시 눈을 감아 편안함을 느끼시기를 바랍니다.

❗ 후배 선생님이 들려주는 교실 이야기

일하는 것만큼 쉬는 것도 중요하다는 것을 알고 있는데, 일과 휴식을 분리하기가 쉽지 않았습니다. 아직 경험이 부족해서 그런지 수업을 준비하고도 계속 생각이 났습니다. 갑자기 새로운 생각이 떠오르면 그 생각에 맞추어 자료를 수정했습니다. 다른 수업 준비 시간도 빠듯한데 자꾸 수정하게 되니 시간이 계속 부족해졌습니다. 그래서 어쩔 수 없이 집에서도 쉬지 못하고 일했습니다.

이제 저도 시간 관리에 들어갔습니다. 일은 학교에서 하지만, 집에서도 할 때는 2시간을 넘기지 않기로 했습니다. 주말에는 오로지 제 생각만 하기로 했습니다. 친구들도 만나고 행복한 일도 많이 만들겠습니다. 저에게 소진이 오지 않도록 최선을 다해 쉬겠습니다.

교사 학습 공동체에서
함께 고민해요

Q 수업을 같이 고민해 줄 동료 선생님이 있었으면 좋겠어요. 아이들을 위한 새로운 아이디어가 떠오르는 만큼 그것이 옳은지에 대한 생각도 나누고 싶어요. 이럴 때는 어떻게 하면 좋을까요?

선생님의 고민에 저도 공감합니다. 하고 싶은 것이 잔뜩 쌓여 있지만 어떻게 해야 할지 갈피를 잡지 못했던 초임교사 시절은 누구에게나 있으니까요. 저도 그랬습니다. 교과서 내용이 우리 반 아이들에게 맞지 않아 새롭게 재구성했는데, 제 마음대로 수업 내용을 바꿔도 되는지 걱정했습니다. 아이들과 하고 싶은 활동들은 머릿속에 맴돌았지만 정작 그것을 어떻게 시작할지 몰랐습니다. 열심히 노력하는 선생님이 되고 싶은데 무엇부터 하면 좋은지 몰랐습니다.

어느 날 선배 교사가 교실로 찾아와 말했습니다.

"국어 교과서를 활용해서 어떻게 논술 수업을 할 수 있을지 고민하는 교과 동아리를 만들려고 하는데 같이 할래?"

저는 그 동아리에서 선배들의 경험들을 고스란히 전해 받을 수 있었습니다. 저와 비슷한 초임을 지내고 있을 선생님에게 이 말을 해주고 싶습니다.

"선생님, 함께할 동료들을 찾아보세요."

요즘 선생님처럼 교사 공동체를 찾는 선생님들이 늘고 있습니다. 선생님으로서 경험이 부족하다는 것을 깨닫고, 결핍을 메우기 위해 모이고 있습니다. 자신의 교실에서 혼자 생각하는 개인주의에서 벗어나 동료들과 함께하는 문화를 만들어 가고 있습니다. 누구도 간섭할 수 없을 것 같은 교실의 문을 열고, 좋은 부분은 나누고 부족한 부분은 도움받고 있습니다.

선생님들은 처음부터 큰 변화를 바라고 교사 학습 공동체에 참여하는 것이 아닙니다. 나를 안타깝게 만드는 한 아이를 변화시키려는 마음부터 시작합니다. 그림을 못 그리지만, 수채화를 가르쳐야 하는 상황에서 선생님 스스로 자신감을 찾기 위한 노력에서 시작하기도 합니다. 교사의 성장은 스스로가 느끼는 작은 부족함을 메우는 과정에서 시작되니까요. 선생님이 된 지 16년이 훌쩍 넘었지만, 아직도 느끼는 부족한 부분을 정리해 봤습니다. 제가 매년 교사 학습 공동체를 찾고 있는 이유입니다.

- 어떤 질문에라도 답할 수 있을 만큼 충분한 교과 지식을 갖추고 싶어요.
- 아이들이 쉽게 따라 할 수 있도록 시범 보일 수 있는 교과 기능을 갖추고 싶어요.
- 공동 수업을 계획하기도 하고, 다른 수업 방법을 적용해 비교하는 등 수업을 공유하고 싶어요.
- 한 권의 책이라도 꼼꼼하게 읽고, 느낌을 나누고 싶어요.
- 책 읽는 교실을 만들고 싶어요. 그림책 읽어주는 선생님에 도전하고 싶어요.
- 프로젝트 수업에 도전하고 싶어요.
- 아이들이 스스로 생각하고 행동하는 교실을 만들고 싶어요.
- 아이들과 함께할 수 있는 즐거운 교실놀이를 많이 배우고 싶어요.
- 수업 시간에 활용 가능한 교구를 알고 싶어요.

- 학습에 부진한 아이들에게 도움을 주고 싶어요.
- 미래 사회에 대비한 로봇, AI에 대해 배우고 싶어요.
- 내가 가진 기능보다 빠르게 발전하는 스마트 기기를 수업에 활용하고 싶어요.

만약 선생님이 교사 학습 공동체를 찾고자 한다면 주변을 둘러보세요. 그리 멀지 않은 곳에서 찾을 수 있습니다. 학교 안에도 있고, 학교 밖에도 있습니다. 평소 믿고 의지하는 선생님과 함께할 수도 있고, 전혀 생각지도 못했던 선생님과 수업을 나눌 수도 있습니다. 제가 지금까지 몸담았던 교사 학습 공동체 이야기를 들려드릴게요. 특별한 무언가를 목표로 하는 공동체도 있지만, 대부분 소소한 것들입니다. 선생님도 부담 없이 함께할 수 있습니다.

저는 동학년 협의회를 가장 중요하게 생각합니다. 초임교사를 벗어나 어느새 16년이 훌쩍 넘었지만, 아직도 수업 준비가 고민입니다. 지금까지 경험으로 비추어봤을 때 수업 나눔은 동학년 선생님과 하는 것이 제일 좋습니다. 수업을 나눈다는 목적이 아니어도 만나면 자연스럽게 수업 이야기를 할 수 있습니다. 나눔의 시작도 쉽습니다. 누군가 먼저 이렇게 말하면 됩니다. 물론 선생님이 시작해도 됩니다.

"선생님 제가 이번에 이렇게 수업을 준비해 봤어요. 괜찮으면 한번 해보세요."

동료 장학이나 학부모 공개수업을 위해 같은 수업을 계획하고 반성할 수도 있습니다. 수업 이야기는 자연스럽게 아이들의 생활로 연결됩니다.

교내 교사 자율 동아리를 지원하는 학교도 많습니다. 작년 우리 학교에서는 '독서 토론 동아리', '영어 못하는 선생님들의 영어 모임', '그림책 읽어

주는 선생님'이 생겼습니다. 저는 책을 좋아해서 독서 토론 동아리에 가입했고, 일 년 동안 6권의 책을 읽고 이야기 나누었습니다. 여러 선생님의 생각을 듣는 것이 즐겁습니다. 동학년을 벗어나 폭넓게 동료 선생님들을 만날 수 있어 좋습니다. 일단 함께하면 많은 것을 배울 수 있습니다.

도 교육청과 지역 교육지원청 그리고 교육청 직속 기관(과학교육원, 교육 연구정보원 등)에서도 매년 교사 연구회나 동아리를 지원합니다. 각 기관이나 지역마다 차이가 있겠지만 새 학기가 시작하는 3월이면 모집을 시작합니다. 저는 3월이면 K-에듀파인의 공문을 꼼꼼히 확인합니다. 교사 성장을 위한 주제로 신청하여 선정되면, 동아리 지원금을 받아 활동할 수 있습니다. 저는 '토실토실한 우리 자치 이야기', '생글생글 글쓰기 교실', '다정다감한 교사들의 감성 나누기'를 주제로 해마다 배움을 함께하고 있습니다. 올해도 새 학기가 되면 배움의 주제를 선정하여 관심 있는 선생님들과 1년을 함께 고민할 것입니다.

지역 교육지원청의 지원을 받아 저경력 교사들의 공동체도 함께 했습니다. 선배 선생님들의 교실을 찾아가서 선배 선생님들의 경험을 보고 배우기를 반복했습니다. 우연히 알게 되어 자랑하고 싶은 교실 물품들을 서로 소개했습니다. 수업 시간에 응용할 수 있는 수업 놀이도 함께 연구했습니다. 경험이 많지 않아서 스스로 부족하다고 생각하지만, 누구보다 고민하고 노력하는 멋진 선생님들이 되어 가는 저경력 교사들의 성장을 바라보는 것은 저에게 묘한 자극이 됩니다.

특수 목적을 위해 선생님들을 모집하는 동아리도 있습니다. 환경 교육, 독도 교육 등 우리 아이들에게 필요한 주제들이 많습니다. 해당 주제와 관련 있는 기관이나 도교육청에서 모집합니다. 학교도 경력도 다양한 선생님들이 관심 있는 주제에 대해 배우고 활동하기 위해 모이는 공동체입니다.

저는 기초학력 실천단에서 활동한 적이 있습니다. 그해 저희 교실에 한글을 읽고 쓰지 못하는 아이가 있었습니다. 아이에게 도움을 주고자 가입했었는데, 아이에게 준 것보다 오히려 제가 더 많이 배웠던 한 해였습니다.

또, 인터넷이 발달하면서 온라인 형태의 교사학습 공동체가 발전하기 시작했습니다. 스마트 기기의 폭발적인 보급으로 소셜 네트워크 서비스를 기반으로 하는 교사 공동체가 주목받고 있습니다. 전주에 살면서 서울에서 근무하는 선생님들과 같은 관심 주제로 교류할 수 있게 된 것입니다. 인디스쿨과 같이 교사들이 자주 이용하는 학습 기반 사이트에서 같이 고민하고 성장할 선생님들을 찾는 내용이 꾸준히 올라오고 있습니다.

선생님, 처음 시작하려면 걱정이 앞설 것입니다. 먼저 다가가기 어렵다고 생각할 수 있지만 제가 지금까지 경험한 교사 공동체는 누구에게나 따뜻했습니다. 먼저 다가가기도 하지만 스스로 다가오는 선생님을 반갑게 기다리고 있었습니다. 아는 사람이 아무도 없는 곳에서 배울 수 있을까 걱정할 수도 있습니다. 기우입니다. 새로운 공동체에서 만나는 새로운 동료들이 선생님에게 새로움을 줄 것입니다. 수업 준비할 시간도 부족한데 어떻게 만날 수 있겠냐고 말할 수도 있겠지요. 제가 속한 공동체들은 일정한 주기로 만났습니다. 2주 만에 만나기도 하고, 3주를 기다린 적도 있습니다. 내가 투자한 시간에 비해 더 많은 것들을 얻을 수 있습니다.

명의(名醫)는 지금까지 알려진 최신의 지식에 따라 가장 좋은 진료를 제공하는 의사라고 합니다. 좋은 교사도 같습니다. 가장 최신의 지식을 가장 좋은 방법으로 아이들에게 제공하는 선생님이 좋은 교사라고 생각합니다. 물론 그 속에는 아이들의 마음을 살피는 것도 포함이 되겠지요. 좋은 교사가 되기 위한 선생님의 노력은 선생님을 성장시키고, 아이들을 변화시킬 것입니다. 그 방법을 교사학습 공동체에서 찾을 수 있을 것입니다. 선생님, 지금 일어서서 문을 두드려 보세요.

! 후배 선생님이 들려주는 교실 이야기

선생님과 이야기 나눈 후 얼마 지나지 않았을 때였습니다. 평소에는 무심코 지나쳤던 옆 반 교실 창문에 새로운 아이들의 작품이 붙은 것을 보고, 자석에 이끌리듯 그 반 선생님께 어떤 수업이었는지 물어봤습니다. 어떤 단원이었는지, 어떻게 진행했는지 자세히 설명해 주시면서 이렇게 덧붙이셨습니다.

"자료 가지고 있는데 한번 그렇게 해볼래요?"

어떻게 시작하면 좋은지, 아이들이 실수하는 부분은 어느 지점인지, 주의할 점은 무엇인지 꼼꼼하게 설명해 주셨습니다. 자신이 고민한 수업이라 아까워할 줄 알았는데 나누는 것을 더 좋아하셨습니다. 그 후 서로 수업 자료를 주고받는 사이가 되었습니다. 아이디어가 잘 떠오르지 않으면 물어보는 사이가 되었습니다. 함께하는 즐거움이 생겼습니다. 선생님 말씀대로 그 문을 열고 들어가 보길 잘했습니다.

3부

생각날 때마다 꺼내쓰는 교실 이야기

옆 반에 가면 우리 교실이 부족한 것처럼 보일 때가 있습니다. 그렇지 않습니다. 부족한 것이 아니라 다른 것입니다.
하지만 좋은 것이라면 우리 교실에도 있었으면 좋겠지요.
선생님 교실에 적용할 좋은 것들을 찾아보세요.

예쁜 교실보다
깔끔한 교실이 먼저입니다

Q 선생님, 옆 반은 너무 깔끔해요. 아이들도 청소를 잘하는 것 같아요. 우리 교실은 매일 정리하는데도 어수선해 보여요. 어떻게 하면 교실이 깔끔해질까요?

선생님들께 1년 동안 생활할 공간을 드리겠습니다. 이곳에서 하루 8시간을 보낼 수 있습니다. 원하신다면 더 계셔도 괜찮습니다. 컴퓨터와 같은 기기와 필요한 사무용품도 구해드립니다. 다만, 몇몇 아이들에게 수학과 국어를 가르쳐 주시고, 아이들이 안전하게 생활할 수 있도록 도와주셔야 합니다. 그 공간은 선생님께서 자유롭게 꾸미실 수 있습니다. 어떻게 꾸미시겠습니까?

제가 깔끔한 교실에 고민하게 된 것은 아내와의 사소한 대화 때문이었습니다. 중요한 서류를 집에 놓고 와서 아내에게 가져다 달라고 부탁했습니다. 아내는 처음 본 제 교실을 천천히 둘러봤습니다.

"어때? 괜찮아? 깔끔하지?"

"먼지가 많네. 우리 준희가 여기에서 공부한다면 엄마로서 별로다."

"……."

"애들 보는 책은 애들 눈높이에 있어야 하지 않아? 칠판에 붙어 있는 것들이 꼭 필요해? 교실 앞에 물건들이 너무 많아서 집중이 안 될 것 같아. 벽에는 뭐가 이렇게 많이 붙어 있어?"

아뿔사! 그제야 깨달았습니다. 그날까지 저는 교실을 예쁘게 꾸미는 것에만 신경 쓰고 있었습니다. 아이들의 미술 작품을 수시로 바꿔서 게시했습니다. 벽에 빈틈이 보이지 않을 정도로 아이들 학습 결과물을 붙였습니다. 다른 선생님들이 우리 교실에서 감탄하는 모습을 즐겼습니다. 그러나 학부모의 눈으로 본 아내의 생각은 달랐습니다.

선생님, 교실 환경 꾸미기가 고민이라면, 먼저 교실 정리가 먼저입니다. 지금부터 저희 반 교실 정리 원칙을 소개합니다.

첫 번째 원칙은 청결입니다. 교실은 깨끗해야 합니다. 선생님께서 아침에 출근한 교실의 책상이 뒤죽박죽이라면 어떤 기분이 들까요? 책상 위에 어제 본 교과서가 그대로 있고, 바닥은 연필 자국이 길게 그어져 있다면 어떨까요? 아이들도 같은 기분일 것입니다. 자기들이 치우지 않았지만, 기분 좋은 아침은 이미 멀리 사라지지 않았을까요? 아이들은 쉬는 시간이면 교실 바닥에 앉아 놀 때가 많습니다. 먼지가 가득한 바닥에 그대로 앉고, 때로는 뒹굴어 다닙니다. 교실은 언제나 깨끗해야 합니다.

깨끗한 교실을 만드는 방법은 어렵지 않습니다. 시간도 오래 걸리지 않습니다. 아이들이 하교할 때 세 가지만 순서대로 해보세요.

- 책상 위 물건을 사물함에 정리하고, 책상 위 지우개 가루를 없앱니다.
- 자기 책상 아래 먼지를 없앱니다.
- 책상 줄을 맞춥니다.

아이들의 하교 후 선생님은 아이들이 미처 하지 못한 부분만 청소하면 됩니다. 쓰레기통 주변 정리도 잊지 마세요. 내일이면 선생님도 아이들도 깔끔한 아침을 맞이할 수 있습니다.

두 번째 원칙은 간결함입니다. 진정한 '미니멀리즘'은 교실에서 필요합니다. 한 해를 보내고 교실을 옮길 때 선생님들은 이사하는 수준으로 짐을 옮깁니다. 이전 교실에 놓고 오면 새롭게 교실을 쓰시는 선생님께서 싫어하지 않을지 걱정이니까요. 해를 더할수록 짐이 늘어납니다. 하지만 물건을 최대한 줄이셔야 합니다.

교실에는 사용하지 않지만 아까운 물건이 많습니다. 작년 교실에서 가져온 물건이 테이프도 뜯지 않은 상자 속에 잠들어 있습니다. 최소 두 달 이상 사용하지 않은 물건(각종 종이류, 이전 사용자의 학습 교구 등)은 자료실로 보내주세요. 필요한 선생님께서 사용하게 해주세요.

교실에 자리만 차지하고 있는 책도 과감하게 정리해 주세요. 교실 구석에 있는 사용하지 않는 교재, 이전 교과서, 몇 년 전 것인지도 모를 장학 자료들, 아이들에게 외면받는 책들은 교실에 어울리지 않습니다. 지금 필요한 책이 아니면 내일도 필요하지 않습니다. 어느 학교나 교육자료를 모아놓은 공간이 있습니다. 그곳에 있을 책이 선생님의 책꽂이에 있지 않은지 살펴주세요.

세 번째 원칙은 눈높이, 손높이입니다. 교실은 아이들이 생활하는 공간입니다. 소소한 것들을 아이들 중심으로 바꾸면 좋습니다.

운동장 쪽 창가는 깔끔해야 합니다. 아이들이 창문을 손쉽게 열 수 있도록 창가에 물건을 두지 않는 것이 좋습니다. 몸 앞에 물건이 있으면, 아이들이 손을 뻗어 창문을 여닫기가 쉽지 않습니다. 화분이나 전시 물품이 있다면 간격을 띄어주세요.

책은 아이들이 보고 싶도록 정리합니다. 아이들 눈높이를 맞추기에 복도 쪽 창가나 사물함 위에 책을 두는 것이 좋습니다. 교실에 일반 책꽂이와 더불어 책 표지가 보일 수 있는 책꽂이가 있었으면 좋겠습니다. 제목만 보이는 책들을 표지가 보이도록 주기적으로 바꿔준다면 아이들의 눈길을 끌 수 있습니다.

칠판 주변을 깔끔하게 정리해야 합니다. 아이들이 선생님의 설명을 듣다가 다른 곳에 시선을 빼앗길 수 있습니다. 칠판에 급식 메뉴를 크게 써서 알리는 학급도 있습니다. 아이들에게 전달할 사항을 잊지 않기 위해 칠판에 여러 메모를 붙이는 것도 삼갈 필요가 있겠지요? 칠판 아래에 물건을 쌓아두는 것도 고민해야 합니다.

네 번째 원칙은 교실은 '아이들의 공간'이라는 것입니다. 교실은 교사보다 아이들 여러 명이 더 많이 사용합니다. 교실 공간을 아이와 교사가 공동으로 구성하고 관리하는 경험은 아이에게 의미 있는 장소로 인식하게 한다는 연구 결과가 있습니다. 이 경우 아이는 교실 공간에 대해 권한과 책임을 느낀다고 합니다.

학기 초 학급 규칙을 만드는 과정에 교실 정리에 관해서도 이야기를 나누어 보세요. '교실 청소는 어떻게 하는 것이 좋을까요?' '학급 도서는 어느 곳에 두면 좋나요?' 학급 게시판에는 어떤 내용으로 구성하면 좋을까요? 등을 아이들 토의를 통해 결정하도록 해보세요. 그리고 자치조직이 있다면 모둠별로 게시판을 맡겨도 좋습니다.

학기 초 학부모 교육과정 설명회 날짜가 다가오면 선생님들이 분주하게 움직입니다. 미술 시간이 되면 아이들에게 교실 뒤 게시판에 붙일 그림을 주문합니다. 복도를 지나가다 힐끗 돌아본 옆 반 게시판을 보며 따라 하기도 합니다. 하루가 다르게 채워가는 옆 반을 보며 불안함을 느끼기도 합니다. 그런데 저는 이렇게 말씀드리고 싶습니다.

"선생님, 학부모들은 화려한 교실보다 깨끗하게 정돈된 교실을 더 보고 싶어 할 것입니다."

> ## ❗ 후배 선생님이 들려주는 교실 이야기
>
> 처음 선생님 교실에 왔을 때 무척 놀랐습니다. 언제나 바쁘신 듯 일하시면서 교실이 이렇게 깔끔할 수 있다니요. 우리 교실은 아무리 청소해도 산만해 보이거든요. 선생님께서 가르쳐주신 방법대로 청소해 보았습니다.
>
> 먼저 교실에 사용하지 않는 것들을 정리했습니다. 작년 선생님이 두고 간 정체 모를 책들을 자료실로 보냈습니다. 아이들이 읽지 않는 낡은 책들도 과감히 뺐습니다. 언제부터 있었는지 모를 학습 준비물들도 정리했습니다. 교실이 한결 홀쭉해진 것 같습니다.
> 두 번째는 제 책상에 쌓여 있는 물건들을 모두 보이지 않게 정리하고, 컴퓨터 옆에 스탠딩 클립보드 하나만 세워두었습니다.
> 세 번째로 아이들과 함께 교실 바닥의 연필 자국을 깨끗하게 지우고, 청소 시간마다 확인하기로 약속했습니다.
>
> 우리 교실도 깨끗해졌습니다. 깔끔하게 정리된 교실을 본 아이들도 만족해합니다. 이제 아이들도 저도 매일 집에 갈 때 책상 위를 깔끔하게 정리하고 갑니다. 선생님 말씀대로 무언가 좋은 것을 걸지 않아도 깔끔함만으로 교실이 새로워졌습니다.

교실 책상 배치,
어떻게 하면 좋을까요?

Q 제가 어렸을 때 앉았던 책상 배치와 지금 우리 교실의 책상 배치가 똑같은 것
같아요. 아이들의 활동에 따라 책상 배치에 변화를 주고 싶어요. 선생님 교실의
책상은 어떤 방식으로 놓여 있는지, 어떻게 변화를 주는지 알려주세요?

제가 초등학생이었을 때도 책상은 언제나 앞으로 보며 두 개씩 놓여 있었어
요. 책상은 움직이지 않고 그대로 있었고, 우리들의 자리와 짝만 주기적으
로 바뀌었지요. 우리 반만 그런 것이 아니라 옆 반도 그랬고, 학년이 바뀌어
도 변함이 없었던 것으로 기억합니다.

시간이 흘러 교실은 달라졌습니다. 수업의 중심이 선생님에게서 아이들
로 변했어요. 개인 중심 수업도 여전하지만, 협력 수업도 많아졌지요. 조용
히 필기에 집중하는 모습이 좋아 보였던 과거와 달리, 아이들이 활발하게
움직이는 교실 분위기가 더 익숙해요.

교실을 구성하는 물리적 환경 즉 책상 배치와 변화가 교사와 학생들의
교수 학습활동에 영향을 준다는 연구 결과가 있습니다. 교실에서 청소 시
간 이외에는 움직일 줄 몰랐던 책상도 이제는 상황에 따라 시시각각 움직
여야 할 순간이 왔습니다.

우리 교실 책상 배치는 언제나 바뀔 준비가 되어 있습니다. 하루에 여러 번 바뀌기도 합니다. 때로는 일주일, 한 달 동안 그대로 있기도 합니다. 다만, 다른 교실과 다른 점은 선생님의 필요가 아니라, 아이들의 요구에 따라 책상 배치를 바꾼다는 것입니다. 수업 형태에 따라 변화를 줍니다.

　3월 첫 주, 아이들을 처음 만날 때면 저도 책상을 두 개씩 나란히 놓습니다. 25명이나 되는 아이들 이름을 최대한 빨리 외워야 하기 때문입니다. 책상을 한 개씩 놓으면 아이들이 흩어져 있는 것처럼 보여, 이름 외우는 데 시간이 더 걸립니다.

칠판

　아이들의 이름을 다 외웠지만, 자리를 바꾼다는 말을 하지 않습니다. 몇몇 아이들이 먼저 얘기할 때까지 기다리지요.
　"선생님 자리 언제 바꿔요?"
　새 학년이 되어 모든 것이 어색한 교실에서, 친한 친구들과 앉고 싶은가 봅니다.
　"그래, 너희들이 한번 바꿔볼래? 먼저 자리를 바꾸고 싶은 사람이 얼마나 되는지 알아봐. 그리고 어떤 책상 배치가 좋을지도 물어볼래?"
　제가 먼저 얘기하지 않고 아이들이 말할 때까지 기다린 이유입니다.

학급 공지 사항에 설문지가 붙습니다.

"자리를 바꾸려고 해요. 스티커를 붙여주세요."

자리 바꾸기 어떻게 생각하나요?	☐ 찬성 ☐ 반대
어떻게 책상을 놓고 싶은가요?	☐ 모둠 ☐ 짝 ☐ 개인 ☐ 기타
공정하게 자리를 바꾸는 방법은 무엇인가요?	☐ 제비뽑기 ☐ 아침에 오는 순서

아이들 대부분이 바꾸기를 원합니다. 모둠으로 앉기가 결정되었습니다. 공정함을 유지하기 위해서 남자는 남자끼리, 여자는 여자끼리 제비뽑기를 한다고 합니다. 쉬는 시간에 6명 한 모둠으로 책상 배열을 바꿉니다. 선생님이 나설 일이 없습니다. 의견을 묻는 것부터 책상을 옮기고 자리를 바꾸는 것까지 아이들이 스스로 하니까요.

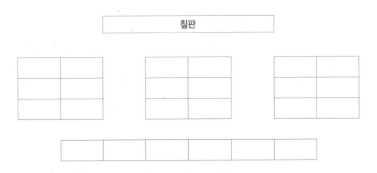

언제부턴가 도윤이의 표정이 심상치 않습니다. 도윤이는 소민, 지원, 예은이와 친합니다. 제비뽑기에서 도윤이만 떨어졌습니다. 처음에는 대수롭지 않게 생각했었는데 몸이 멀어지니 마음에도 거리가 생기나 봅니다. 뭔가 변화가 필요했습니다. 선생님이 개입하여 변화를 줍니다. 좌우가 바뀐 'ㄴ'자 모양으로 만듭니다. 이번에는 모둠 구분 없이 여자아이들끼리, 남자 아이들끼리 쭉 연결해서 앉습니다. 떨어졌던 친구들이 다시 붙었습니다. 교실은 다시 소란스러워졌지만, 아이들 웃는 모습이 더 좋습니다.

칠판						
예은	도윤	소민	지원			

과학정보주간에 국어 교과 자료를 만들어 발표하는 단원과 연계하여 호기심 탐구 해결 프로젝트를 진행했습니다. 평소에 궁금했던 우리 주변 과학 이야기를 알아보고, 조사할 주제를 선택했습니다.

"혼자 해도 괜찮고, 두 명이, 세 명이 해도 괜찮아요. 수행평가도 함께 진행하겠습니다. 그것에 맞춰 책상을 움직일까 해요."

과학에 자신 있는 하율이는 혼자 진행하고 싶은가 봅니다. 친구들과 어울리기 힘든 시온이도 1인 모둠에 손을 듭니다. 수행평가도 함께한다고 하

칠판						

니 몇몇 친구도 1인 모둠에 합류합니다. 도윤이와 친구들은 4명이 함께하기로 했습니다.

아이들의 요구에 맞추어 책상을 배치했습니다. 이때는 아이들이 원하는 대로 책상 위치를 바꿀 수 있게 합니다. 1인 모둠이어도, 주제가 달라도, 서로 도움을 주고받을 수 있으니까 내일이면 두 명이 함께 앉을 수도 있습니다. 큰 주제를 두 개로 나누어 4인 모둠이 나누어질 수도 있습니다. 며칠 동안 책상이 정신없이 움직이겠지만, 이유가 분명한 움직임은 허용합니다.

민준이가 조용히 다가와 말합니다.

"선생님, 자리를 바꿔주시면 안 될까요? 상규가 자꾸 귀찮게 해요. 지우개를 마음대로 가져다가 쓰고, 돌려주지 않아요. 수업 시간에도 자꾸 이상한 말을 속삭여요."

상규가 그런 행동을 하는 이유는 민준이를 가장 친하게 생각하는 것이라는 것도 민준이는 알고 있습니다. 참을 만큼 참다가 말한 민준이에게도 쉼이 필요하니 자리를 바꿔줘야 합니다. 적당한 이유로 아이들을 이해시키고 민준이 자리를 옮겨줍니다.

수학 단원 지필형 수행평가 날입니다. 유독 이날만은 평소와 다르게 행동합니다.

"평가 시간에는 책상을 원하는 장소로 옮겨도 됩니다."

몇몇 아이들을 제외하고 대부분 자신만의 공간을 찾습니다. 매일 붙어 다니던 친구들과 저 멀리 떨어져 혼자가 되는 시간입니다. 창가 쪽으로, 사물함 쪽으로 책상 방향을 완전히 돌리는 아이들이 많습니다. 평가라는 말에 긴장하고, 그 긴장을 들키지 않으려는 듯합니다.

저희 반 교실 자리 배치에서 무엇을 중요하게 생각하는지 눈치채셨나요?

언제 두 명씩 짝과 함께 앉게 하거나, 언제 변화를 줘야 하는지가 중요한 것이 아닙니다. 우리 교실은 매일 변할 준비가 되어 있습니다. 아이들이 원할 때가 바로 그때입니다. 아이들이 생각한 방법이 가장 좋은 방법입니다.

앞에서 볼 때 다소 정신없고, 무질서하게 보이더라도 그 책상 배치에 이유가 있다면 변화할 의미가 있다고 생각합니다. 아이들은 선생님의 생각보다 더 합리적입니다. 그리고 더 공정합니다. 선생님, 아직도 교실 책상 배치를 어떻게 하면 좋을지 걱정입니까? 그럼 아이들에게 물어보세요. 어떻게 바꾸면 좋을지.

! 후배 선생님이 들려주는 교실 이야기

매달 첫째 주 월요일에 자리를 바꿨어요. 아이들의 생각은 듣지 않고 공정하다는 이유로 제비뽑기를 했어요. 자리를 바꾸자마자 또 자리를 바꾸자고 말하는 아이들에게 한 달을 기다리게 했어요. 장난기 많은 친구 옆에 앉은 조용한 아이는 얼마나 힘들었을지, 모둠 활동이 어색한 아이는 얼마나 불편했을지 몰랐어요.

저희 반도 이제는 아이들이 움직여요. 자리를 바꾸고 싶은 아이들이 많으면, 학급회의를 시작해요. 바꾸고 싶지 않은 아이들의 의견을 존중하는 모습이 대견해요. 선생님 말씀대로 아이들에게 권한을 주길 잘했어요. 좋아하는 친구들과 모여 떠들 것이라는 선생님의 생각은 쓸데없는 걱정이었어요.

아침에 해 볼 만한 활동을
알려줄게요

Q 아침에 일찍 와서 떠드는 아이들, 수업 시간이 다 되어서야 등교하는 아이들이 있어 아침 활동하기가 쉽지 않아요. 부산스러운 아침이 1교시 수업까지 영향을 주는 것 같아요. 선생님 교실의 아침 활동을 소개해 주세요.

선생님 교실의 아침 모습이 저경력 교사였을 때의 우리 교실과 같습니다. 아이들은 8시 30분까지 등교해야 했어요. 어떤 아이들은 8시부터 학교에 왔습니다. 오자마자 어제 있었던 일들을 친구들과 이야기하느라 정신없습니다. 겨우 진정시키고 아침 독서를 시작했지요. 책을 펼친 지 얼마 되지 않았는데 한 사람씩 교실에 들어옵니다. 교과서를 준비한다고, 안내장을 제출한다고 부산하게 움직이는 모습에 다른 친구들의 시선이 그 아이를 따라다녀요. 아침 독서 활동이 친구 관찰 시간이 되어 버렸습니다.

16년이 지난 지금은 예전과 다릅니다. 아이들은 등교 시간 5분 전에 대부분 교실에 들어옵니다. 교과서를 정리하고, 아침 활동을 준비합니다. '조용히 아침 활동을 시작하세요'라고 말하지 않아도 아이들은 시간이 되면 아침 활동을 시작합니다. 지각하는 아이는 고양이 걸음으로 살금살금 들어옵니다. 아침 활동을 하는 아이들의 시선을 빼앗지 않기 위해 수업 준비도 잠시 미룹니다. 아이들이 아침 활동을 스스로 하게 된 이유가 무엇이었을까요?

먼저 아이들에게 아침 활동이 필요한 이유를 이야기했습니다.

"뇌를 연구하는 과학자들이 말하기를 문제 해결이나 창의적 사고와 같은 집중은 아침 시간에 가장 잘 된다고 해요. 아침 시간에 무언가를 알게 하고 깨닫게 하는 코르티솔이라는 호르몬이 아침에 가장 많이 나오기 때문이래요. 우리 머리가 가장 맑은 아침 시간을 그냥 수다 떠는 데 흘려보낼 건가요? 아침 활동 시간은 하루에 20분이지만 일주일에는 100분이에요. 우리는 그 시간에 많은 일을 할 수 있어요."

아이들의 판단을 존중해 줬습니다. 아이들은 언제나 좋은 방향을 선택했습니다.

그다음, 우리 반에서 하고 싶은 아침 활동을 아이들이 결정했습니다.

"아침에 하고 싶은 활동이 있으면 말해주세요."

아이들은 줄넘기, 피구, 독서와 같이 지난 학년까지 했던 아침 활동을 말합니다. 아이들이 말한 활동에 제가 지금까지 했었던 활동을 추가했습니다. 월, 목요일은 책을 읽기로 했습니다. 체육 시간이 1교시에 있었던 화, 수요일의 아침은 강당에서 체육 활동을 하기로 했습니다. 금요일에는 캐릭터 그리기를 하기로 했습니다.

아침 활동을 위한 행동 규칙을 정하는 과정이 하나 더 남았습니다.

"아침 활동을 할 때 지켜야 할 규칙이 있을까요?"

"책을 읽으려고 하는데 늦게 오는 아이들 때문에 집중이 안 돼요."

친구들이 들어올 때마다 힐끗 봤던 채현이가 그동안 불만이었던 일을 말합니다.

"어떻게 하면 좋을까요?"

지각하는 친구들은 복도에 있다가 아침 활동이 끝나면 들어와야 한다는 의견과 자율적으로 8시 25분까지 모두 등교하자는 의견이 팽팽히 맞섰습니다. 아이들은 8시 25분까지 모두 등교하는 의견을 선택했습니다. 물론 어쩔 수 없는 사정으로 지각하는 경우 최대한 조용히 들어와야 한다는 조건을 붙였습니다.

아이들의 생각은 선생님보다 한 걸음 더 나아갔습니다.

"사랑하는 친구부에서 아침 활동을 관리했으면 좋겠습니다."

하교 전에 다음 날 아침 활동을 공지하고, 게시판에 적습니다. 아침 독서 시간이 되면 자리에 앉아달라고 말합니다. 한 번 고른 책은 중간에 바꿀 수 없다는 규칙도 정했습니다. '지각한 시간만큼 하교 후 교실을 청소하기'라는 규칙을 만들어 공표합니다. 이렇게 우리 교실 아침 활동은 학급 자치와 자연스럽게 연결되었습니다.

이제 꾸준히 하면 좋은 아침 활동을 몇 가지 소개할게요. 아침 활동의 특성을 생각해서 아이들에게 맞는 것을 선택해 보세요. 아침 활동은 수업 시간이 아닙니다. 아이들이 즐거워하는 활동을 추천해요. 학교마다 차이는 있겠지만, 아침 활동 시간은 20분입니다. 그 시간에 마칠 수 있는 짧은 활동을 고민해 보세요.

아침에 가장 많이 하는 활동은 독서입니다. 특별한 프로그램을 준비하지 않아도 되니까요. 교실 한 곳에 다양한 책이 있는 공간을 만들기만 하면 됩니다. 선생님이 할 일은 아이들 수준에 맞는 책들을 준비하는 것입니다. 교실마다 있는 여러 해 묵은 먼지 쌓인 책들은 정리하고, 아이들이 좋아하는 새로운 도서를 준비해주세요. 그렇다고 새로 살 필요는 없습니다.

각 가정에 있는 책들을 기부받을 수도 있습니다. 선생님의 이름으로 도서관에서 주기적으로 빌릴 수도 있습니다.

짧은 동화를 제외하고는 아침 활동 시간에 한 권을 다 읽을 수는 없습니다. 우리 교실에서는 일주일 한 권 읽기를 목표로 한 번 읽기 시작한 책은 다 읽을 때까지 책꽂이에 돌려주지 않기로 했습니다. 아이들이 책을 읽기 전에 선생님이 먼저 책을 읽습니다. 아이들이 읽는 동화책을 읽습니다. 선생님도 일주일에 한 권 읽기가 목표입니다.

체육 활동으로 아침을 시작해도 좋습니다. 학교 스포츠 클럽과 연계하여 줄넘기를 합니다. 예상했던 것보다 개인별 줄넘기 수준 차이가 큽니다. 줄넘기 잘하는 아이 몇 명을 중심으로 모둠을 구성합니다. 2분 안에 모둠 전체 1,000개 넘기와 같은 도전과제를 줍니다. 선생님이 따로 지도하지 않아도 모둠에서 서로 배움을 주고받습니다. 선생님은 돌아다니면서 말로 상처 주는 일이 없도록 살펴보면 됩니다.

아침에 땀 흘리고 운동하면 1교시에 집중하지 못할 것이라고 걱정하는 선생님도 있습니다. 아이들은 시간만 준다면 하루 내내 놀 수 있습니다. 잠깐 20분 뛰었다고 지치지 않습니다. 운동 후 바로 수업하면 체온 상승, 혈중 젖산 농도 증가, 심박수 증가로 학습에 부정적인 영향을 줄 것 같지만 사실은 그렇지 않다고 합니다. 아이들의 경우 운동이 끝난 후에 혈액의 흐름이 빠르게 정상으로 돌아오며 신체·생리적으로 안정된다고 합니다. 그 시점이야말로 예리한 사고와 복잡한 해석을 요구하는 일을 처리하기에 최적의 순간이라고 합니다.

저학년 교실에서는 아침에 그림책을 읽어주어도 좋습니다. 이미 알고 있는 책이어도 선생님이 책을 읽어주시면 늘 새롭고 재미있습니다. 6학년 교실에서도 책 읽어주는 선생님을 본 적도 있습니다. 6학년이어도 아이들은 아이들입니다. 선생님 주위로 몰려듭니다. 선생님이 보이지 않을 정도로 에워싸지만, 선생님의 책 읽는 목소리가 잘 들리도록 서로 조심합니다. 선생님이 책 읽어주는 것을 좋아하는 것은 저학년이나 고학년이나 똑같습니다.

아이들과 글을 써봐도 좋겠지요. 짧은 아침 시간이어서 긴 글을 쓸 수 없습니다. 글은 생각나는 순간 단숨에 쓰는 것이 좋습니다. 다 쓰지 못했다고 쉬는 시간이나 가정학습으로 보내지 않습니다. 3줄에서 5줄이면 충분합니다. 아이들의 마음을 엿볼 수 있으면 1줄이어도 괜찮습니다. 문장의 형식이나 주어와 술어의 호응, 맞춤법에 대한 걱정은 잠시 잊어도 좋습니다.

- 아침 일기 쓰기
- 지금 감정을 구체적으로 표현하기
- 사진이나 그림을 글로 묘사하기
- 창의 주제 글쓰기
  (예시) - 지금 밖에 파란색 비가 내리고 있어요.
  　　　 - 시우가, 오랑우탄으로 변했어요.

동시로 즐거운 활동을 할 수도 있습니다. 아이들이 동시를 좋아하는 이유는 짧기 때문이기도 하지만 다양한 상상이 가능하기 때문입니다.

- 동시 제목 맞추기
- 행으로 자른 동시를 생각대로 배열하여 새로운 시로 바꾸기
- 동시 삽화 그리기
- 릴레이 동시 쓰기
  - 동시의 한 행을 자신이 쓰고, 롤링 페이퍼처럼 돌려쓰기

이외에도 아침 활동으로 손 그림 캐릭터 그리기, 종이접기, 뜨개질, 문자

를 이용한 연상 그림 그리기, 속담이나 사자성어 알아가기, 피구, 배드민턴, 보드게임 등을 할 수 있습니다.

아침 활동 시간은 수업이 아닙니다. 선생님은 굳이 이 시간까지 고민하고 싶지 않을 수도 있습니다. 아이들도 이 시간까지 무언가를 하고 싶지 않을 수도 있습니다. 반대로 생각하면 선생님과 아이들의 조그만 고민으로 아침이 즐거울 수도 있습니다. 하루에 20분 일주일에 100분이면, 34주에는 3,400분이 됩니다. 무엇이든 충분히 이룰 수 있는 시간입니다. 아이들이 즐거워하는 활동에 선생님이 아이들과 함께하고 싶은 활동 하나를 더하여 내일부터 신나는 아침을 만들어 가는 것은 어떨까요?

! 후배 선생님이 들려주는 교실 이야기

"우리 반 아침 활동을 설명할게요. 월요일, 화요일, 목요일은 독서하고 수요일은 스포츠 클럽 줄넘기를 하려고 해요. 금요일은 교실에서 조용히 놀아요."
처음 만난 3월에 아이들에게 안내한 아침 활동 내용이었어요. 체육 활동도 넣었으니 아이들이 좋아하며 잘 따를 줄 알았어요. 하지만 독서도 줄넘기도 제대로 되지 않았어요. 아이들의 등교 시간이 다 달라서 그런 줄 알았어요. 선생님과 이야기 나눈 후 아이들의 아침 활동에 아이들의 의견이 빠졌다는 것을 알았어요. 선생님이 조언해 주신 방법대로 처음부터 다시 시작했어요.

요즘은 지각하는 아이들이 부쩍 줄었어요. 자기들이 좋아하는 체육 활동을 하기 위해 늦지 않아요. 활동 내용도 주기적으로 바꿔요. 피구도 하고, 배드민턴도 해요. 아이들은 독서도 필요하다고 생각해요. 들썩이는 엉덩이를 의자에 붙이고, 20분 동안 책을 읽어요. 처음에는 책 넘기는 소리가 간간이 들리더니 이제는 일주일에 한 권은 거뜬히 읽어요. 기분 좋은 아이들을 보니 저도 기분이 좋아져요.

음식을 골고루 먹도록
급식지도를 해요

Q 점심시간에 아이들이 식사하는 모습을 보면 속상할 때가 많아요. 몇몇 음식을 제외하고는 대부분의 음식을 남기고 버려요. 어떻게 지도해야 할까요?

오늘도 제 앞에 앉은 민성이는 고기를 숨깁니다. 그 옆에 앉은 서우는 초록색 채소가 나오는 날이면 어김없이 얼굴을 찌푸립니다. 해산물을 싫어하는 아연이, 과일 먹으면 속이 울렁거리는 은정이도 있습니다. 효림이는 밥을 거의 먹지 않습니다. 아이들이 음식을 골고루 먹었으면 좋겠지만, 선생님 마음대로 되지 않는 부분입니다. 억지로 조금씩이라도 먹게 해야 할지 고민입니다.

음식을 먹지 않는 이유를 아이들에게 물어본 적이 있습니다.

"생선을 먹으면 토할 것 같아요."

"조개를 먹으면 모래 씹는 맛이 나요."

"그냥 예전부터 과일을 안 먹었어요."

"김치가 너무 매워요."

"오이랑 깻잎은 냄새만 맡아도 속이 울렁거려요."

"저는 밥을 천천히 먹어요. 빨리 먹는 애들이 저 때문에 기다리니까 더 못 먹겠어요."

오늘의 식단표를 보는 순간부터 한숨 쉬는 아이들에게 급식 시간은 견디기 힘든 순간입니다. 음식을 받으려고 기다리는 시간, 줄이 조금씩 줄어 내 차례가 오는 것이 싫을 것입니다. 먹기 싫은 음식을 받지 않으려고 선생님 눈치를 살피지만, 그것도 쉽지 않습니다. 자리에 앉아 젓가락을 들지만, 먹을 반찬이 없습니다. 이 아이들은 식사 시간이 괴롭습니다.

아이들의 성장에 필요한 영양소를 세 끼와 간식으로 나누어 학교 급식 식단을 정합니다. 학교 급식만큼 아이들의 영양을 고려한 식단은 찾기 힘듭니다. 골고루 먹어야 한다는 선생님 생각이 옳습니다. 하지만 골고루 잘 먹여야겠다는 선생님의 노력이 아이들에게 스트레스가 될 수 있습니다. 조심스럽게 접근해야 합니다.

그럼, 아이들이 무엇이든 잘 먹기 바라는 선생님과 조금씩이라도 먹으려고 시도하는 아이들이 함께하는 우리 교실 이야기를 들려드리겠습니다.

3월이 되어 아이들을 처음 만나면 먼저 음식과 관련된 아이들 특성을 파악합니다. 먹기 싫어해서 먹지 않는 아이들이 있는 반면에 먹을 수 없어서 못 먹는 아이들이 있습니다. 학부모가 작성하는 '아동 기초 조사'에 다음과 같은 문항을 넣습니다.

● 점심시간 급식 지도하는 것에 동의하십니까?
□ 예   □ 아니오

● 만약 동의하신다면 다음 질문에 꼭 답해주세요.
- 건강상의 이유(알레르기 등)로 피해야 할 음식이 있습니까?
- 평소 아이가 먹지 않는 음식이 있습니까?
- 급식 지도할 때 선생님이 알아야 할 특이 사항이 있나요?
- 급식 지도할 때 선생님께 부탁할 일이 있나요?

학부모는 선생님이 급식을 지도해 주길 바랍니다. 균형 잡힌 영양 섭취의 중요함을 누구보다 잘 알고 있으니까요. 어렸을 때 편식을 고치기 위해 노력한 흔적을 자세하게 적어주신 분도 있었습니다. 갑각류, 견과류 등을 먹으면 알레르기 반응이 있는 아이의 부모님들은 선생님이 주의해야 할 음식을 먼저 물어보니 더 안심했습니다.

아이들에게도 자신이 못 먹는 음식이 무엇인지 묻습니다. 사실 아이들은 학부모가 알고 있는 것보다 먹기 싫은 음식은 더 많습니다. 오이, 가지, 나물은 대부분의 아이들이 싫어합니다. 과일과 생선은 그나마 낫습니다. 잘 먹는 아이들이 몇 명은 있으니까요. 그다음, 아이들에게 급식을 지도하겠다고 공표합니다.

"다음 주부터 급식을 지도하려고 합니다. 구체적인 방법은 여러분들이 학급 회의를 통해 정해 주세요."

아이들은 음식을 골고루 먹어야 한다는 사실을 알고 있습니다. 편식이 심한 아이도 마찬가지입니다. 학급 회의 결정에는 이의가 없습니다. 처음에는 음식을 가리지 않는 아이들의 목소리가 우세합니다. '식판에 모든 음식을 다 먹기'가 안건으로 나옵니다. 그러나 이내 현실적인 의견들이 나오기 시작합니다. 아무리 잘 먹는 아이라도 못 먹는 음식이 나올 수 있으니까요. 아이들은 실현 가능한 방법을 선택합니다.

아이들의 결정에 선생님의 목소리를 추가해야 합니다. 아무리 반찬 2가지로 정했다고 하지만 그중 정말 아이들이 먹기 힘든 음식이 나올 때도 있으니까요. 선생님은 그 아이들이 조금씩 먹는 양을 늘려갈 수 있도록 시간을 줘야 합니다. 아무리 규칙이라도 정말 먹기 힘들면 억지로 먹어서는 안 됩니다. 아이들의 동의를 얻어 규칙을 수정합니다.

밥과 선생님이 정해 준 반찬 2가지는 꼭 먹기
단, 정말 먹기 힘들면 먹을 수 있는 양을 스스로 정해 선생님께 말하기

규칙은 자율적으로 지키도록 합니다. 다 먹었는지 식판을 검사할 필요는 없습니다. 간혹 다른 친구들의 눈을 피해 몰래 지정한 음식을 버리기도 하지만, 그것을 들춰낼 필요가 없습니다.

편식이 심한 아이는 먹기 힘든 음식을 작게 잘라 먹도록 얘기해야 합니다. 그리고 꼭 한두 번이라도 씹고 삼킬 수 있도록 지도해야 합니다. 아이들은 못 먹는다고 생각하는 음식을 씹지 않고 바로 넘기려고 합니다. 잘못하면 심각한 결과를 초래할 수 있습니다.

선생님도 급식 규칙을 지켜야 합니다. 아이들만큼 선생님인 저도 편식을 합니다. 멸치는 냄새가 이상하고, 익힌 당근은 더 싫습니다. 간장에 졸인 검은콩은 나무를 씹는 것 같습니다. 아이들도 그 사실을 알고 있습니다. 아이들은 그 반찬이 나오는 날이면 선생님을 보면서 구석에 붙어 보이지 않는 멸치 한 마리까지 찾아내 먹기를 종용합니다.

수업 시간에 음식과 연관된 주제가 나오면 급식 지도로 수업 내용을 재

구성합니다. 음식쓰레기를 줄이고 있는 자랑스러운 우리 반을 칭찬합니다. 환경보호에 앞장서고 있다고 치켜세웁니다. 선생님이 과장하고 있다는 것을 알고 있어도 아이들은 적극적으로 수업에 참여합니다. 그날은 더 잘 먹는 것 같습니다.

3월이 지나도 아이들은 여전히 음식을 가려 먹습니다. 그래도 처음처럼은 아닙니다. 생신을 보기만 해도 싫어하던 아이가 가시를 발라 반절이나 먹었다고 자랑합니다. 아직도 참외를 조각조각 내서 어렵게 씹지만 2개 중 한 개는 꼭 먹습니다. 오만상을 찌푸리면서도 상추에 고기를 얹어 쌈을 싸 먹습니다. 이전에는 낯설었고, 먹으면 숨이 막힐 것 같았지만 지금은 아닙니다.

급식 지도는 못 먹는 음식을 억지로 먹이는 것이 아닙니다. 음식을 골고루 먹게 하는 것입니다. 아이들과 함께 정한 규칙으로 한 젓가락, 두 젓가락 조금씩 먹을 기회를 주는 것입니다. 편식은 고쳐야 하는 나쁜 행동이 아니라, 줄이려고 노력해야 하는 습관입니다.

저는 새우를 먹으면 온몸에 두드러기가 올라와요. 그래서 실제 제 몸에 아무런 영향을 주지 않지만, 낯선 음식을 보면 두려움이 생겨 먹지 않았어요. 선생님이 편식하니, 아이들도 먹고 싶은 만큼만 먹어요. 대부분 음식을 남겨요. '음식을 먹는 것까지 간섭해야 하나?'라는 생각이었지요.

선생님과 이야기 나눈 후 이 아이들에게 음식을 골고루 먹을 수 있게 하는 역할도 선생님의 몫이라는 것을 깨달았어요. '음식을 한 번씩 맛보기'부터 시작했어요. 아이가 급식 먹는 모습에 관심이 생기니, 아이가 좋아하는 음식과 싫어하는 음식도 알게 되었어요. 저도 아이들도 조금 느리지만 조금씩 노력하고 있어요.

고학년 아이들에게도
그림책을 읽어주세요

Q 작년 2학년 아이들에게 그랬던 것처럼 올해 5학년 아이들에게도 그림책을 읽어주고 싶어요. 그런데 아이들이 어떻게 생각할지 걱정이에요. 고학년 아이들에게 그림책은 어울리지 않을까요?

선생님이 그림책을 들고 아이들 책상 앞의 책 읽는 의자에 앉습니다. 소란 스럽던 교실이 조용해집니다. 이미 익숙한 듯 아이들은 선생님 주변으로 둥그렇게 앉습니다. 선생님이 들고 있는 그림책은 며칠째 칠판 앞에 있었던 것입니다. 아이들은 책을 펼쳐보고 싶었지만, 꾹 참았습니다. 동화 구연하 듯 실감 나게 읽는 것도 아닌데, 아이들은 할머니의 옛이야기를 듣는 것처 럼 진지합니다. 유치원 교실이냐고요? 아닙니다. 초등학교 6학년 우리 교실 의 모습입니다.

사람들은 대부분 그림책이라고 하면 글이 적고 대체로 커다란 그림을 담 고 있는 책을 떠올린다고 합니다. 유치원이나 저학년 정도 어린아이들에게 어울린다고 생각한다고 해요. 저도 그랬습니다. 처음 아이들에게 그림책을 읽어주려고 했을 때 여러 생각이 들었습니다.

'저학년도 아닌데 책을 읽어줄 필요가 있을까?'

'그림책을 너무 유치하게 생각하지 않을까?'

'내가 아이들 앞에서 실감 나게 읽을 수 있을까?'

하지만 아이들과 읽은 그림책이 하나둘씩 늘어가면서 고민도 하나둘씩 사라졌습니다.

오늘 읽어줄 그림책은 윌프리드 루파노의 『팬티 입은 늑대』입니다.

"깊은 산속 산꼭대기에 늑대 한 마리가 살았어요. 울음소리는 멀리서 들어도 온몸이 얼어붙을 듯 살벌하고 눈빛도 무시무시한 늑대였어요."

숲속 동물들은 한 번도 보지 못한 늑대를 무서워하고 있었어요.

"늑대가 나타났다."

그런데 늑대가 이상해요. 전혀 무섭지 않아요. 빨간색 줄무늬 팬티를 입고 있었어요.

그림책으로 수업하지 않을 때는 그냥 읽어줍니다. 그림책 읽기를 다른 활동과 연결하지 않습니다. 아이들도 듣는 즐거움에 집중합니다. '숲속 동물들은 왜 한 번도 보지 못한 늑대를 무서워했을까?', '올빼미 할머니는 왜 늑대에게 팬티를 선물했을까?'와 같은 질문은 하지 않습니다. 국어 시간이 아니니까요. 만약 독서 전, 중, 후 활동을 함께했다면 아이들이 이토록 그림책 읽어주는 시간을 좋아하지 않았을 것 같습니다.

때로는 국어 교과서의 글 대신 그림책을 이용하기도 합니다. 인물의 말과 행동으로 마음을 짐작하는 수업에서 이지은 작가의 『친구의 전설』을 읽어줬습니다. 책의 내용은 간단합니다. '맛있는 거 주면 안 잡아먹지!'라며 친구들을 괴롭히는 호랑이가 있었습니다. 어느 날 갑자기 호랑이 꼬리에 민들레꽃이 붙어서 떨어지지 않습니다. 호랑이는 민들레가, 민들레는 호랑이가 자신에게 붙었다고 생각합니다. 서로 떼어버리겠다고 합니다. 그러다가 친구가 됩니다. 숲속 동물들도 친구가 됩니다.

처음 등장할 때 호랑이와 중간에 나오는 호랑이의 대사가 똑같습니다.

"맛있는 거 주면 안 잡아먹지!"

그때 호랑이의 얼굴을 보여주며 마음을 짐작해 봅니다. 표정이 다릅니다. 호랑이의 말을 듣고 있는 동물들의 반응도 다릅니다. 글과 그림이 함께 있는 짧은 글이니 내용 파악하기 더 쉽습니다. 그림에 인물의 표정이 다 나오니 인물의 마음을 짐작하기도 어렵지 않습니다.

제가 수업 시간에 활용했던 그림책들입니다.

책 제목	작가	활용 예시
괴물들이 사라졌다.	박우희	인간들의 개발로 괴물들이 삶의 터전을 잃어가는 내용을 담은 그림책입니다. 환경 오염의 과정이 담겨 있습니다. '환경을 보호하자'라는 주장하는 글쓰기에서 소개했습니다.
부족해 씨에게 진짜로 필요한 것	쥘리앵 비요도	부족해 씨가 도시를 만드는 동안 새 한 마리가 날아옵니다. 조그만 새를 보며 개발을 계속할지 그만두어야 할지 고민합니다. 실과의 지속 가능한 개발 수업에서 활용했습니다.
행복한 미술관	앤서니 브라운	미술관에서 그림을 감상하는 모습이 담겨 있습니다. 명화를 감상하고 자신의 생각대로 다시 그려보는 미술 수업 시간에 함께 읽었습니다.
한 그릇	변정원	여러 재료가 모여 비빔밥이 되는 과정이 담겨 있습니다. 친구 사랑 주간에 우리 반이 커다란 그릇이라고 생각하고 자신의 캐릭터를 그려 '우리는 한 그릇이야!'라며 친구를 소중하게 생각하는 활동을 했습니다.
집짓기	이재경	여러 가지 집을 짓는 내용으로 구성된 그림책입니다. 우리 반을 '집'에 비유해서 아이들과 우리 반이 어떤 학급이 되면 좋을지 함께 이야기해 보았습니다.
다다다 다른 별 학교	윤진현	이 그림책은 '서로 다름'에 대해 이야기하고 있습니다. 처음에 학급을 열 때 '우리는 모두 다를 뿐 좋고 나쁜 것은 없어'라고 이야기할 때 꼭 필요한 책입니다.

책 제목	작가	활용 예시
우리는 벚꽃이야	천미진 신진호	울부터 완연한 봄까지 여러 벚꽃 그림을 담고 있는 그림책입니다. 미술 시간에 색채를 활용한 작품을 만들 때 그림책의 한 문장 따라 쓴 다음, 벚꽃 엽서를 만들어 보았습니다. 이 작가의 다른 계절 그림책도 있습니다.
내가 보여?	박지희	'나는 투명 인간입니다'라는 영우의 독백으로 시작합니다. 자신이 없어 늘 투명 인간처럼 지내는 아이가 용기를 내는 과정을 그렸습니다. 친구 사랑 주간에 읽어주면 좋습니다.
붙여 볼까?	카가미켄	연필과 코끼리, 사과와 안경 등 서로 다른 두 개를 붙이면 무엇이 될까요? 이 그림책을 서로 다른 두 개를 붙여, 새로운 것을 만드는 재미를 알려 주는 그림책입니다. 저학년 아이들에게 단어를 가르쳐 줄 때 사용하면 재미있습니다.

아이들은 지금 선생님이 읽어주는 그 책을 좋아합니다. 책 읽어주기를 좋아하는 나이는 별로 없습니다. 선생님이 들려주는 이야기를 듣는 그 아이들이 그림책을 좋아하는 나이입니다. 아이들에게 그림책을 읽어주고 싶다면, 그냥 무심한 듯 그림책 한 권 툭 놓아두세요. 선생님이 놓은 그 그림책에 아이들의 시선이 닿으면 아이들은 펼치고 싶을 것입니다. 무엇을 이루고 싶다는 선생님의 의도를 접어두면 아이들은 듣고, 읽을 것입니다. 참, 그림책 고르기가 어렵다고요? 그럼 '그림책 박물관'을 검색해 보세요.

후배 선생님이 들려주는 교실 이야기

저는 요즘 그림으로 이야기를 들려주는 그림책의 매력에 푹 빠졌습니다. 친구의 전설을 읽었을 때 눈시울 붉어졌던 감동을 아이들과 함께 나누고 싶었습니다. 앤서니 브라운의 마술 연필을 읽어주고 미술 시간을 시작하고 싶었습니다.

선생님과 이야기 나눈 후 아이들이 어떻게 반응할지 걱정하지 않기로 했습니다. 자투리 시간이면 그림책을 들고 교실 앞에 앉기 시작했습니다. 때로는 실물 화상기로 그림을 보여주기도 했습니다. 수업 동기 유발로 읽어주고, 교과서 지문 대신 그림책을 읽어주었습니다.

그림책 읽어주는 시간을 좋아하는 것인지, 그림책을 좋아하는 것인지, 그림책을 읽어주는 선생님을 좋아하는지는 중요하지 않습니다. 제가 그림책을 읽으면 아이들의 마음이 잔잔하게 떨리는 것을 느낄 수 있습니다. 그림책 읽어주기를 참 잘했습니다.

교실 속 쓸모 많은 물건을
소개합니다

Q 선생님 교실에는 우리 교실에도 있었으면 하는 물건들이 많아요. 제가 궁금할 만한 물건 몇 가지 소개해 주세요.

제가 저경력 교사였을 때 선배 선생님들의 교실에 가면 우리 교실에 없는 물건들이 많았습니다. 어느 교실에나 있는 스테이플러도 종류가 다양했지요. 간단한 필기도구조차도 우리 교실 것보다 좋아 보였습니다. 한 해, 두 해가 지나고 경력이 쌓이면서 우리 교실에도 다른 선생님들의 부러움을 살 물건들이 생기기 시작했습니다.

선배 선생님들은 자신들의 물건을 보며 신기해하는 저를 그냥 돌려보내지 않았습니다. '이것 한 번 써 볼래?'라며 하나씩 나눠 주셨습니다. 지금 제가 선생님에게 물건들을 소개하며 아낌없이 나누는 것이 그때 받은 도움 때문일지도 모릅니다. 또 교사 학습 공동체를 운영하면서 '교실 나들이'를 다녔습니다. 그 교실에는 그 선생님의 학급 경영이나 수업과 관련된 물건들이 있었습니다. 교실 나들이로 새로운 물건을 하나씩 교실에 들일 수 있었습니다.

크라프트 수납 정리함

우리 반 아이들은 아침에 등교하면, 상담 신청서와 같은 제출물을 수납 정리함에 제출합니다. 수납함 위쪽에 번호 스티커를 붙였더니, 아이들은 자기 번호에 꽂기만 하면 됩니다. 자동으로 번호순대로 정리됩니다. 교과서도 한 권쯤은 들어갈 수 있습니다. 정리함 1개에 10칸으로 나뉘어 있어, 다인수 학급에도 3개면 넉넉합니다. 저는 한 개 더 구입해서 문서함으로도 사용하고 있습니다. 단, 꼭 칸막이 위, 아래를 글루건으로 고정해서 사용하세요. 종이를 조립한 것이라서 잘 빠지거든요.

고무자석 메모판

자리에 앉은 아이들은 칠판에 붙어 있는 고무자석 메모판을 확인합니다. 저는 아침 활동이나 그날의 중요한 일을 메모판에 적습니다. 가로 30cm 세로 20cm의 구름, 말풍선, 칠판 모양 보드에 글씨를 쓰고 지울 수 있습니다. 바탕이 하얀색이어서 칠판에 붙이면 선생님의 전달 사항이 있다는 것을 아이들이 쉽게 알 수 있습니다.

육각 보드

1교시 수업 시간은 수학입니다. 아이들이 좋아하는 과일로 막대그래프를 그리려고 합니다. 아이들은 육각 보드에 과일 이름을 써서 칠판에 붙입니다. 육각 보드 뒷면이 자석이라 칠판에 쉽게 붙습니다. 먼저 붙인 친구와 같은 과일이면 이어서 붙입니다. 종류별로 모인 과일의 수를 쉽게 파악할 수 있습니다. 육각 보드를 이용하면 아이들의 생각을 분류하기 편합니다. 그래서 아이들 각각의 의견을 물을 때 사용하면 좋습니다. 약간 작긴 하지만 때로는 골든벨 보드판으로 사용할 수도 있습니다.

| 크라프트 수납 정리함 | 고무자석 메모판 | 육각 보드 |

롱 스테이플러 / 전동 스테이플러

쉬는 시간이 되니 옆 반 선생님이 소책자를 만드신다고 롱 스테이플러를 빌리러 오셨습니다. 스테이플러 안쪽으로 종이를 길게 밀어 넣을 수 있으니 A4용지 중간을 고정하여 소책자를 만들 수 있습니다. 저는 다음 시간 국어 학습지를 묶기 위해 전동 스테이플러를 꺼냈습니다. 종이를 정리한 후 스테이플러 앞쪽 입구에 밀어 넣으면 자동으로 핀이 박힙니다. 핀이 고정된 아랫부분을 보면 손으로 누른 것보다 더 종이에 밀착되어 있어 핀이 튀어나와 아이들이 손을 다칠 염려가 없습니다. 10장 정도는 한 번에 묶을 수 있습니다. 전원을 연결해서 사용할 수도 있고, 건전지를 넣어 사용할 수도 있어 어느 곳에서나 사용할 수 있습니다.

| 롱 스테이플러 | 전동 스테이플러 |

학습 신호등

2교시 사회 시간에는 도시와 농촌 지역에 어떤 문제점이 있는지 마인드

맵을 그렸습니다. 민성이와 태연이는 벌써 다 한 듯 온몸을 움직입니다. 잠시 후 학습 신호등에 '다 했어요' 초록 카드가 보입니다. 창호는 빨간 신호등을 내밉니다. 도움이 필요합니다. 학습 신호등은 초록 '다 했어요', 노랑 '시간이 필요해요', 빨강 '도움이 필요해요' 이렇게 세 가지 색으로 학습 상태를 표현할 수 있습니다. 선생님이 아이들의 학습 진행 속도를 바로 알 수 있습니다. 스탠딩 북처럼 세울 수 있습니다. ○, ✕판과 메모판도 있어 퀴즈 시간에 활용할 수도 있습니다.

질문 카드 / 감정 카드

아이들과 주제 중심 글쓰기를 하거나 학습 동기 유발할 때 질문이 필요하지요? 저는 질문 카드에 있는 일상적인 질문을 활용합니다.

"일주일 동안 한 음식만 먹고 살아야 한다면 어떤 음식을 드실 건가요?"

"당신을 가장 잘 설명하는 세 단어는 무엇인가요?"

때로는 황당한 상황에 톡톡 튀는 대답을 듣고 싶을 때도 있습니다. 그럴 때는 '만약 카드'를 활용합니다.

"만약 내 눈앞에 있는 사람이 외계인라는 것을 알게 된다면?"

어제 친구와 함께한 일을 그리면서 친구를 외계인으로 표현하면 즐거운 미술 시간이 될 수 있습니다. 어색한 상황에서 섣불리 말을 꺼낼 수 없을

학습 신호등

만약에 질문카드

감정카드

때 아이스브레이킹에 사용해도 좋습니다.

'걱정하지 마', '옆에 있을게'와 같이 감정을 읽어주는 감정 카드도 있습니다. 뽑은 카드를 이용해 서로 격려하고 위로할 수 있습니다.

펜 받침대 / Y형 책꽂이 / 전면 책꽂이

책 읽는 교실에 있으면 좋은 물건들도 있습니다. 펜 받침대는 단단한 플라스틱 뒷면에 자석이 붙어 있습니다. 자력이 강해서 칠판에 붙여 책 한 권 올려도 끄떡없습니다. 아이들에게 추천할 책을 골라 앞면이 보이게 세워두면, 아이들이 관심을 보입니다. Y형 책꽂이도 추천합니다. Y형 책꽂이는 좁은 공간에서 책을 사선으로 배열해 많은 책을 진열할 수 있습니다. 전면 책꽂이는 앞면이 보이게 진열할 수 있습니다.

| 펜 받침대 | Y형 책꽂이 | 전면 책꽂이 |

라벨프린터 / 포토프린터

우리 교실에는 라벨프린터가 있습니다. 시중에서 판매하는 것처럼 예쁜 배경이나 글자체는 없지만 필요할 때마다 아이들의 이름을 넣어 스티커를 만들 수 있습니다. 미술 작품에도 붙일 수 있고, 사물함 이름표에도 사용할 수 있습니다. 라벨이 인쇄되는 테이프에 따라 라벨의 색과 두께를 다르게 인쇄할 수 있습니다.

포토프린터는 스마트폰으로 찍은 사진을 인화지에 출력할 수 있습니다. 블루투스로 바로 스마트폰과 연결하여 인쇄할 수도 있고, USB에 담아 출력할 수도 있습니다. 아이들의 활동사진을 출력하여 유리창에 게시하고, 다음 사진을 출력할 때 나눠 줍니다. 아이들은 친구 사진을 가져서 좋고, 부모님도 아이들의 학교 모습을 확인할 수 있어 좋아하십니다.

라벨프린터

포토프린터

이외에도 우리 교실에는 학급 일을 결정할 때 사용하는 룰렛 돌림판, 개인정보 지킴이 문서세단기, 칠판 타이머 등 다양한 것들이 있습니다. 이 모든 것이 꼭 필요한 것들은 아닙니다. 하지만 하나씩 늘어갈 때마다 아이들과 할 수 있는 일이 하나씩 늘어갑니다. 지금 옆 반에 가서 30분만 수다 떨며 주위를 둘러보세요. 선생님 눈에 보이는 물건이 있다면 그 쓰임새를 물어보세요. 선생님 교실에 필요한 물건일 수도 있습니다.

선생님과 이야기 나눈 후 교실에 들어와서 바로 질문 카드를 검색했어요. 선생님 교실에서 '황당무계 만약 카드'를 봤을 때 아이들과 활동할 아이디어가 떠올랐거든요. 만약 카드로 재미있게 질문을 주고받은 후 '우리 반 만약에'를 만들어 봤어요.

'만약에 선생님이 나보다 어린 8살이라면?'

'만약에 토요일, 일요일에 수업하고 월요일부터 금요일까지 쉰다면?'

아이들의 만약은 정말 독특하고 재미있는 것이 많았어요.

참, 선생님이 선물로 주신 펜 받침대는 지금 저희 교실 칠판에서 재미있는 그림책을 한 권 품고 있습니다.

보드게임으로
쉬는 시간을 즐겁게 보내요

Q 수업 마치는 종이 울리자마자 아이들은 놀 것을 찾아요. 짧은 쉬는 시간에 재미있게 놀 수 있는 보드게임을 사주고 싶어요. 추천해 주세요.

수업 시간 마치는 종이 울리자, 아이들이 분주하게 움직입니다. 자신이 좋아하는 보드게임을 차지하고, 놀이 상대를 정합니다. 상자를 열어 게임 방법에 맞게 카드를 나누고, 순서를 정합니다. 게임을 시작하는 데 5분이 걸립니다. 눈부시게 빠른 속도지만 이제 3분 남았습니다. 나머지 2분은 정리해야 하니까요. 10분밖에 안 되는 짧은 시간에 게임 준비, 실행, 정리를 마쳐야 하는데도 아이들은 보드게임을 좋아합니다.

아이들이 보드게임을 좋아한다면 그 시간 안에 가능한 보드게임을 준비해 줘야 합니다. 저는 다음과 같은 기준으로 쉬는 시간의 보드게임을 선택했습니다.

첫째, 준비와 정리가 간단한 게임이 좋습니다.

둘째, 게임 방법이 간단해야 합니다.

셋째, 진행이 빠른 게임이 좋습니다.

넷째, 짧은 시간 안에 게임의 승부가 결정되는 게임이 좋습니다.

지금부터 짧은 쉬는 시간에 아이들이 즐겁게 놀 수 있는 보드게임을 알려드리겠습니다. 구체적인 게임 방법보다 왜 쉬는 시간에 어울리는지에 초점을 맞춰 소개하겠습니다. 참 교실 보드게임은 2~4명이 가장 좋습니다. 사람이 많아지면 순서 정하기, 게임 준비에 시간이 더 걸리기 때문입니다.

도블

도블은 게임 적정 나이를 7세 이상이라고 하지만 더 어린아이들도 잘합니다. 8명까지 가능하다고 하지만 교실에서는 2~4명이 좋습니다. 5~10분이면 승부를 결정할 수 있습니다. 원 모양의 카드에 여러 모양의 그림이 그려져 있는데, 모든 카드는 반드시 1개의 겹치는 그림이 있습니다. 게임의 시작과 동시에, 각 플레이어는 자신이 가진 카드를 뒤집어 중앙에 놓인 카드와 비교해 같은 그림을 찾아내야 합니다.

펭귄파티

펭귄파티는 2~6명이 함께 할 수 있으며, 쉬는 시간 안에 끝낼 수 있는 카드 게임입니다. 규칙도 간단합니다. 각각 다른 색의 카드가 5종이 있습니다. 펭귄 카드를 피라미드 모양으로 쌓아갑니다. 카드는 아래층의 옆 또는 위에 내려놓을 수 있습니다. 내려놓을 때는 밑의 두 색 중 1개의 색과 같아야 합니다. 맨 아래층은 7장, 그 위는 6장을 쌓으며 맨 위 1장이 될 때까지 진행합니다. 마지막에 손에 남는 카드가 적은 사람이 승리합니다.

누가 똥 쌌어?

'누가 똥 쌌어'는 준비 시간이 짧고, 순서를 정할 필요가 없이 2~6명이 한 꺼번에 게임을 할 수 있습니다. 6가지의 동물(토끼, 고양이, 햄스터, 앵무새, 금붕어, 거북이)의 6가지 색(보라, 초록, 파랑, 빨강, 노랑, 주황색) 카드로 구성되어 있습니다. 처음 플레이어가 자기의 카드 한 장을 '내 거북이는 똥 안 쌌어. 똥은 토끼가 쌌어'라고 말합니다. 토끼 카드를 제일 먼저 내려놓은 플레이어를 제외한 나머지 플레이어는 카드를 다시 가져가야 합니다. 상대방이 가진 카드를 기억해야 유리합니다.

도블

펭귄파티

누가 똥 쌌어?

로보77 / 제우스 온더 루즈

로보77도 교실에서 많이 볼 수 있는 카드게임입니다. 0부터 10, 33, 76등의 숫자 카드와 -10, ×2, 순서 바꾸기와 같은 특수 카드로 구성되어 있습니다. 카드에 적힌 숫자를 계속 더하면서 게임을 진행하는데, 11의 배수가 되거나 77 이상이 되면 생명칩을 잃게 됩니다. 제우스 온더 루즈도 로보77과 비슷한 방법으로 숫자를 더해갑니다. 100이 넘어갈 때 제우스 인형을 가지고 있으면 승리합니다. 특수카드가 로보77보다 더 다양해서 전략을 잘 적용하면 1분 안에도 이길 수 있습니다. 이 카드게임은 저학년 아이들과 함께 덧셈·뺄셈 학습에 이용하기도 합니다.

다빈치 코드

　다빈치 코드는 상대방이 가진 흰색, 검은색 블록에 쓰인 숫자를 맞추는 게임입니다. 숫자가 보이지 않도록 뒤집은 후 4개를 가져와 상대방이 보지 못하도록 순서대로 세워 놓습니다. 상대방의 블록에 쓰인 숫자를 맞추면 한 번 더 기회를 얻거나, 기회를 상대방에게 넘길 수 있습니다. 만약 맞추지 못하면 바닥의 블록을 가져와 자기 블록 사이에 넣어 공개해야 합니다. 이 게임은 시작도 진행도 빨라 짧은 쉬는 시간에도 2~3게임이 가능합니다.

로보77　　　　　　　　제우스 온더 루즈　　　　　　　다빈치 코드

뒤죽박죽 서커스

　카드 그림대로 사자, 코끼리, 물개, 어릿광대 등 9개의 캐릭터를 게임판에 쌓고 '찰칵'이라고 말하면 카드를 내려놓을 수 있습니다. 처음 받은 카드를 7개 내려놓으면 게임이 끝납니다. 플레이어들은 차례가 되면 자기가 가진 카드를 보고, 바닥의 캐릭터 하나를 쌓거나, 이미 쌓인 것을 옮길 수 있습니다. 캐릭터를 쌓다가 무너뜨린다면 완성한 카드 하나를 제출해야 합니다. 이 게임도 3~4명이면 10분 안에 마무리할 수 있습니다.

배틀쉽 - 양들의 전쟁

　배틀쉽은 플레이어들이 만든 땅(칸)에 양들을 옮겨 놓는 게임입니다. 빨강,

파랑, 하얀, 검은 양들이 16마리씩 있습니다. 플레이어 한 명당 4칸씩 나누어진 4개의 땅으로 목초지를 만들고 시작합니다. 양은 직선으로만 움직일 수 있고, 한 개 이상 여러 개를 한꺼번에 옮길 수 있습니다. 모든 플레이어가 움직일 양이 없을 때 게임이 끝납니다. 4명이 시작해도 10분이면 두 게임을 충분히 할 수 있습니다. 게임 방법도 간단하고, 점수 계산도 쉽습니다.

러시아워

러시아워는 말 그대로 자동차들이 뒤엉켜진 곳에서 빨간 자동차를 탈출시키는 게임입니다. 미션 카드에 적힌 대로 자동차를 배치하고, 자동차를 앞뒤로만 움직여 공간을 만들어야 합니다. 미션을 성공할수록 점점 난이도가 높아집니다. 이 게임은 혼자 시도해도 괜찮고, 여러 친구들이 머리를 맞대고 도전해도 좋습니다. 준비나 정리 시간이 짧고, 시간 내에 미션을 완성하지 못했을 경우 그대로 상자를 덮었다가 다음 쉬는 시간에 이어서 해도 괜찮습니다.

뒤죽박죽 서커스   배틀십 - 양들의 전쟁   러시아워

마해

간단한 덧셈과 곱셈을 이용해서 거북이를 움직이는 보드게임입니다. 플레이어는 3개의 주사위 중 1개를 굴립니다. 주사위의 합이 7을 넘으면 처

음 시작 장소로 되돌아가야 하므로, 두 번째 주사위를 굴릴지 결정해야 합니다. 만약 첫 번째 주사위가 2가 나와서 굴린 두 번째 주사위가 5가 나왔다면 세 번째 주사위는 굴릴 수 없겠지요. 주사위 굴린 개수와 주사위 숫자의 합을 곱한 만큼 거북이를 움직입니다. 21번째 장소에는 지나면 알 카드를 얻을 수 있습니다. 곱셈 학습에 도움이 됩니다.

욕심쟁이 여우

욕심쟁이 여우는 바지 입은 여우 한 마리와 닭 21마리로 구성되어 있습니다. 주사위를 굴려 나온 숫자만큼 여우의 바지에 닭을 넣고 여우의 머리를 누릅니다. 여우의 머리를 누를 때 아무도 모르는 순간 여우의 바지가 내려갑니다. 이때 닭을 구해야 합니다.

마해

욕심쟁이 여우

이 외에도 광부들이 광물을 옮기는 길을 만드는 〈사보타지〉, 나뭇가지를 조심히 빼서 원숭이를 조금 떨어뜨려야 하는 〈텀블링 몽키〉, 악어 이빨을 눌러 스릴을 느끼는 〈정글 악어 룰렛〉, 개구리를 움직여 사탕을 먹어야 하는 〈폴짝폴짝 개구리 사탕먹기〉가 있습니다. 참, 우리가 모두 알고 있는 〈할리 갈리〉도 여러 에디션이 있으니 아이들이 좋아하는 것으로 선택할 수 있습니다.

'새들은 노래하고 아이들은 놀이한다'라는 말이 있습니다. 새들이 노래하듯 신나게 노는 것이 아이들의 본성입니다. 교실에서 아이들이 즐겁게 놀 수 있도록 선생님이 관심을 가져야 하는 것은 당연한 일입니다.

! 후배 선생님이 들려주는 교실 이야기

선생님께서 소개해주신 보드게임 중에서 제가 몰랐던 '누가 똥쌌어?'를 구입했습니다. 새로운 보드게임을 본 아이들은 선생님이 알려주지 않아도 설명서를 보고 놀이 방법을 알아냅니다. 같이 놀 친구들과 공유도 빠릅니다. 카드를 색깔별로 정리해서 나누기만 하면 되니까 자리에 앉자마자 게임을 시작할 수 있습니다. 쉬는 시간 10분 동안 4명이 한 게임을 충분히 마무리할 수 있습니다. 참 잘 샀습니다. 당분간 쉬는 시간에는 '똥'이야기를 계속 들을 것 같습니다.

다음에는 뒤죽박죽 서커스와 제우스 온더 루즈를 구입하려고 합니다. 저도 보드게임을 열심히 알아보고, 이번에는 제가 새로운 게임을 선생님께 소개하도록 하겠습니다.

교실에서
식물을 키워 봐요

Q 선생님 교실에 들어오면 초록색 식물들이 많아서 상쾌한 느낌이 들어요. 교실에서 키우기 좋은 식물이 있나요? 식물을 기르는 방법도 함께 알려주세요.

겨울이 지나 봄이 느껴지더니 어느덧 햇살이 따갑습니다. 환경의 달인 6월에 앞서 5월 말 2주를 '초록을 나누어주는 교실'을 운영하기로 했습니다. 초록 식물을 나누어 주기 위해 그동안 장미 허브에는 가지치기하지 않고 무성하게 길렀습니다.

"음료 마시고 깨끗하게 씻은 플라스틱 컵을 가지고 오면 초록을 나누어 주겠습니다."

아이들은 아침부터 플라스틱 컵을 보이며, 식물을 달라고 합니다. 교실 한구석에 배양토와 모종삽을 준비해 두었습니다. 아이들이 직접 흙을 담아 오면 장미 허브 한 가지를 잘라 아이들의 화분에 꽂아 주었습니다.

아직 뿌리가 없는 장미 허브에 분무기를 이용해서 물을 주었습니다. 투명한 플라스틱 안 흙 속으로 물이 들어가는 모습을 신기한 듯 바라보는 아이들이 귀엽습니다. 제가 아이들에게 식물을 분양할 때 투명 플라스틱 컵을 사용하는 이유입니다. 아이들과 약속도 정합니다.

"물은 분무기로 뿌려요. 다른 친구 식물은 건드리면 안 돼요. 장미 허브가 뿌리를 내리고 줄기가 튼튼해지면 예쁜 화분으로 옮겨줘요. 옮길 때 작은 가지 하나를 다른 사람에게 선물해요."

과학 시간에 식물의 한살이를 관찰해야 하는 해에는 교실에서 강낭콩을 키웁니다. 배추흰나비를 관찰하기 위해서도 식물이 필요합니다. 실과 시간 실내 원예 활동으로 땅딸보 토마토를 키울 때도 교실에 초록 식물을 더할 수 있습니다. 가을에 아침마다 꽃을 보고 싶으면 나팔꽃 싹을 틔워 교실 천장까지 오름 줄을 달아주면 됩니다.

'선생님은 식물 기르기 전문가 같아요'라고 말하는 선생님들이 있습니다. 머리를 긁적이며 오해라고 말합니다. 교실에 식물이 많은 것은 사실이지만, 저에게 특별한 기술이 있는 것이 아니니까요. 교실이라는 특수한 상황에서 예민한 식물들이 잘 자라는 특별한 상황을 제가 만들어 줄 수 없습니다.

교실은 운동장 쪽 창가에 햇빛이 비치지만 반대쪽은 일 년 내내 햇빛이 들지 않습니다. 25명의 아이들과 어른 1명이 생활하는 교실은 매일 쓸고 닦아도 먼지가 수북하게 쌓입니다. 식물들의 입장에서는 극한의 상황일 수 있습니다. 그래서 저는 다음과 같은 기준으로 우리 교실 식물을 선택합니다.

1. 햇빛 비치는 창가 20cm 창틀에 올라갈 수 있는 작은 식물이어야 합니다.

2. 물을 주는 간격이 같은 식물이어야 합니다.

3. 온도 습도에 예민하지 않은 식물이어야 합니다.

4. 가지로 분양이 가능한 식물이면 더 좋습니다.

5. 알뿌리로 분양이 가능한 식물도 좋습니다.

특별한 노력을 기울이지 않아도 스스로 잘 자라는 식물입니다. 우리 교실에서 잘 자라는 식물을 소개하겠습니다. 사진 속 식물은 현재 우리 교실에 있는 것으로 화원에서 볼 수 있는 식물과 비교해도 손색이 없습니다.

장미 허브 – 플렉트란투스 토멘토사

우리 교실의 초록 중 가장 많은 부분을 차지하고 있는 것은 장미 허브입니다. 잎을 건들면 은은하게 나오는 향이 기분을 상쾌하게 합니다. 배양토에 장미 허브 한 줄기 잘라 꽂으면 금방 뿌리내려 하나의 개체로 자랍니다. 흙의 윗부분을 손으로 살짝 눌렀을 때 말랐을 때 물을 주면 되는데, 우리 교실에서는 매주 금요일을 물 주는 날로 정했습니다. 직사광선을 피하는 것이 좋다고 하는데 그냥 창가에 두어도 잘 자랍니다. 나무처럼 한 가지로 기르려면 곁가지를 잘라주고 원가지만 남기면 됩니다. 장미 허브는 수경으로도 재배가 가능하니 이것도 도전해 보세요.

스킨답서스

스킨답서스는 공기 정화식물로 잘 알려져 어느 곳에서나 쉽게 볼 수 있습니다. 덩굴성 식물로 아래로 길게 늘어진 줄기와 잎이 매력적입니다. 햇빛이 적은 곳에서도 잘 자라서 벽걸이 식물로 제격입니다. 이것도 줄기 하나 잘라 흙 속에 꽂아두면 뿌리를 내립니다. 물속에 넣어도 금방 뿌리가 나옵니다. 환경에 예민하게 반응하는 식물이 아니어서 저는 일주일에 한 번씩 물을 주고 있습니다. 참, 스킨답서스 잎에는 독성물질이 있어 먹으면 구토와 입속 염증이 생길 수 있으니 저학년 아이들이 장난으로 먹지 않도록 해야 합니다.

시클라멘

배양토를 재활용해서 사용한 화분에서 독특한 잎이 흙을 뚫고 나왔습니다. 잎이 한두 개 더 늘어나더니 어느새 무성해졌습니다. 겨울이 되자 꽃을 피우더니 일 년의 반절 동안 꽃을 달고 있습니다. 네이버 렌즈로 검색하고 나서 이 식물이 시클라멘이라는 것을 알게 되었습니다. 높은 온도와 습도를 싫어한다고 했는데 우리 교실에서 몇 년 동안 잘 자라는 것을 보니 꼭 그렇지만은 않은 것 같습니다. 화분에 잎이 가득 차면 잎이 나오는 작은 알뿌리를 잘라 심어주면 됩니다. 다른 식물들처럼 일주일에 한 번 정도 물을 줘도 잘 지냅니다.

장미 허브   스킨답서스   시클라멘

호야

호야는 공기 정화 식물로 알려져 있습니다. 덩굴처럼 생긴 줄기에 흰색 무늬가 있는 두꺼운 초록 잎이 매력적입니다. 오름줄을 만들어 주면 덩굴이 올라가지만, 아래로 처지는 줄기도 충분히 멋있습니다. 호야는 다육식

물이지만, 다른 다육이들처럼 물에 민감하지 않습니다. 다른 식물들과 함께 금요일마다 주는 물에 잘 적응합니다.

천냥금

화원에 가면 천냥금을 쉽게 볼 수 있습니다. 우리나라가 원산지라고 해요. 선생님도 이름은 몰라도 이 식물을 보면 금방 어떤 식물인지 알 것입니다. 그만큼 우리 주변에 많이 있습니다. 키우기도 쉽습니다. 일주일에 한 번씩 물을 주기만 하면 언제나 초록을 유지하면서 그 자리를 지킵니다. 잎 아래 붉은 과일은 꽤 오랫동안 매달려 있어 꽃과 같은 느낌을 주기도 합니다.

염좌

다육식물인 염좌도 교실에서 잘 자랍니다. 그동안 기른 다육식물들은 방학에 교실 환기가 되지 않아 실패했었는데 염좌만이 꿋꿋하게 지금까지 함께하고 있습니다. 염좌도 새 가지가 올라오면 가지를 꺾어서 심으면 금방 뿌리를 내립니다. 다육식물들은 물 주는 것에도 신경 써야 하는데 염좌는 물에 민감하지 않아요.

| 호야 | 천냥금 | 염좌 |

이외에 홍콩야자도 교실에서 잘 자랍니다. 홍콩야자는 성장 속도가 매

우 빨라서 금방 우산 모양 가지들이 퍼집니다. 홍콩야자가 웃자라면 아래 가지가 빛을 받지 못해 색이 변하기 때문에 전체 모양을 생각해서 가지치기를 해주면 좋습니다. 환경에 민감하지 않기 때문에 교실 창가에 두고 일주일에 한 번 물 주는 것만으로도 진한 초록을 볼 수 있습니다. 수경재배도 가능합니다. 아이비도 키우기 좋아요. 덩굴처럼 뻗는 줄기를 1m 넘게 길러본 적도 있어요. 수경재배로도 가능하고요. 콩고, 스타트 필름, 개운죽도 잘 자란답니다.

교실에서 기르기 쉬운 식물을 소개했습니다. 화원에 가면 비싸지 않게 구입할 수도 있고, 옆 반에 가도 쉽게 얻을 수 있는 것들이지요. 하지만 온도 습도 물주기에도 번거롭지 않은 식물들이라고, 쉽게 구할 수 있는 식물이라고 관심이 필요 없는 것은 아닙니다. 일주일에 한 번은 화분의 방향을 돌려주어 모든 잎에 골고루 햇빛을 받게 해주세요. 먼지가 많은 교실에서도 숨을 쉴 수 있도록 풍선 바람 넣는 도구로 바람을 일으켜 먼지를 날려주세요. 하루에 한 번이라도 잎을 살짝 건드려 애정을 표현해 주세요. 그럼 기대한 대로 잘 자랄 것입니다.

❗ 후배 선생님이 들려주는 교실 이야기

3월 첫 주 교실을 예쁘게 꾸미고 둘러봤을 때 어딘가 부족한 것 같았습니다. 교실에 초록색 식물이 필요했습니다. 하지만 평소 식물을 기르면 무슨 일인지 금방 말라버려서 식물 기르기는 엄두도 내지 못했었습니다. 선생님과 이야기 나눈 후 아이들과 함께 도전해 보기로 결심했습니다.

장미 허브를 사서 아이들이 가져온 컵에 꽂아 주었습니다. 정말 신기하게도 얼마 후 뿌리를 단단하게 내렸습니다. 호야를 사서 분갈이도 해 보았습니다. 물 주는 날을 정해서 일주일마다 물을 줬습니다. 무작정 주기보다 손으로 흙을 만져 보고 물이 필요한지도 확인했습니다. 저희 교실에도 초록이 하나둘씩 늘어나기 시작했습니다.

4부

선생님을 둘러싼
또 다른 관계

교실에는 선생님과 아이들이 있지만,
조금 더 나아가면
학부모, 동료 선생님, 관리자도 있습니다.
아이들과의 관계 못지않게 이들과의 관계도
소중합니다.
좋은 관계를 맺으면 편안한 교실을
만들 수 있습니다.

학부모 상담 주간,
더 이상 불안해하지 말아요

Q 아이들의 학교생활에 대해 부모님과 대화를 자주 하는데도 상담 주간이
다가오면 떨려요. 실제 상담을 시작하면 제가 무슨 말을 하고 있는지 모를 때도
있어요. 선생님, 상담은 저에게만 힘든 것인까요?

선생님만 학부모 상담을 힘들어하는 것이 아닙니다. 학부모 상담 과정에서
대부분의 저경력 교사들이 걱정, 부담스러움, 막막함, 불안 등 부정적인 요
인을 체험한다고 해요. 일부 교사는 걱정, 부담, 막막함의 정서를 넘어 불
안 증세도 보인다고 하지요.

신규교사와 달리 학부모 상담 경력이 많은 고경력 교사는 상담에 익숙
할까요? 그렇지 않습니다. 학부모 상담은 경력과 관계없이 부담스러운 일
입니다. 저도 학부모 상담을 마무리한 날, 처음부터 다시 상담을 시작하는
꿈을 꾼 적도 있어요. 선생님에게 있어서 학부모는 매일 편하게 대화하는
상대는 아니니까요.

상담을 위해 교실에 찾아오는 학부모의 마음은 어떤지 짐작해 본 적이 있
나요. 상담에 대해 학부모 역시 부담을 느낀다는 연구 결과를 본 적이 있습

니다. 학부모는 학생에게 문제가 생기기 전까지 학부모 상담 신청하기를 주저합니다. 선생님을 만나는 부담 때문이라고 생각합니다. 실제로 그런 것 같아요. 16년 차 교사인 저도 학부모로 자녀 상담을 위해 자녀의 교실에 들어갈 때 가슴이 두근거립니다. 쿵쾅거리는 심장 소리를 들키지 않으려고 몇 번이나 심호흡하고 교실로 들어갑니다. 교사로서 담임 선생님께서 무슨 말씀을 하려는지 알고 있음에도 부담감을 떨칠 수는 없었습니다.

상담을 진행하는 교사나 상담을 받는 학부모 모두에게 부담인데 왜 상담을 해야 할까요? 학교폭력이 사회적 이슈로 떠오름에 따라 2010년 교육과학 기술부에서는 '학부모 상담 활성화 추진계획'을 발표했습니다. 이후 선생님들께서는 연 2회, 3월과 9월에 학부모 상담 주간을 실시해야 했습니다. 전화, 전자우편, 편지, 학교 방문, 가정방문 등 다양한 상담 방법을 통해 거의 모든 학부모와 상담을 시도하도록 했습니다.

학부모 상담 주간을 위해 무엇을 준비하면 좋을까요? 학부모 상담 주간은 학교폭력 해결이나 안전사고 대처와 같은 문제 해결을 위한 상담과는 다르게 접근해야 합니다. 선생님은 학부모에게 가정에서의 아이 성향과 이전 학년 이야기를 들어야 합니다. 학부모는 선생님에게 친구 관계나 학습 태도와 같은 아이의 학교생활에 대해 듣는 것이 도움이 됩니다. 선생님들은 학부모가 듣고 싶어 하는 것이 무엇인지 고민하고 이와 관련된 자료를 준비해야 합니다. 선생님들마다 활용하고 있는 학생 이해자료는 차이가 있지만, 공통 항목과 물음은 다음과 같습니다.

	질문 예시
현재 마음 상태	□ 내가 가장 자랑스러울 때가 언제인가요? □ 내가 가장 실망스러울 때는 언제인가요? □ 학교에 오기 싫은 날이 있나요? 언제 그런 기분이 드나요? □ 현재 스트레스 받는 것이나 고민, 걱정이 있나요? □ 화가 나거나 스트레스를 받을 때 후는 나만의 방법이 있나요? □ 내 습관이나 성격 중 고치고 싶은 것이 있나요? □ 나는 누구에게 어떤 말을 들으면 힘이 나나요?
친구 관계	□ 우리 반에서 나와 친하게 지내는 친구는 누구인가요? □ 우리 반에서 나를 불편하게 하는 친구는 누구인가요? □ 우리 반에서 내가 짝이 되고 싶은 친구는 누구인가요? □ 나는 쉬는 시간에 어떻게 보내나요? □ 친구 덕분에 행복했던 경험이 있나요? □ 친구 때문에 힘들었던 경험이 있나요?
가정생활	□ 현재 나는 우리 집에서 누구와 살고 있나요? □ 나를 주로 돌봐주는 어른은 누구인가요? □ 요즘 부모님께서 나에게 가장 많이 하는 말은 무엇인가요? □ 부모님께서는 나의 어떤 행동을 가장 좋아하나요? □ 부모님께서는 나의 어떤 행동에 화를 내시나요? □ 가족 중 누구와 이야기를 가장 많이 하나요? □ 우리 가족 중 내가 가장 의지하는 사람 / 나를 힘들게 하는 사람은 누구인가요? □ 우리 가족에서 내가 하는 역할은 무엇인가요? □ 하루 일과가 끝나고 집에 가서 주로 하는 일은 무엇인가요? □ 우리 가족에 대해 선생님께 꼭 말하고 싶은 것이 있나요?
건강상태	□ 나는 아플 때가 많은가요? 주로 언제 어떻게 아픈가요? □ 내가 먹으면 안 되는 음식이 있나요? 어떤 증상이 나타나나요? □ 다른 사람에게 알리기 싫은 상처나 흉터가 있나요? □ 지금은 괜찮지만 어렸을 때 크게 아팠던 경험이 있나요?
학습 상태	□ 내가 좋아하는 과목 / 싫어하는 과목은 무엇인가요? □ 수업 시간에 가장 많이 떠오르는 생각은 무엇인가요? □ 학교 수업 이외에 어느 곳에서 어떤 공부를 하고 있나요? □ 수업 중 선생님의 설명을 들었을 때 이해가 잘 되나요? □ 선생님이 질문하면 발표하고 싶은가요?

게임	☐ 하루에 게임을 어느 정도 하고 있나요? (평일/주말) ☐ 내가 주로 게임을 하는 기기는 무엇인가요? ☐ 나는 주로 어느 장소에서 게임을 하나요? ☐ 누구와 게임을 하나요? ☐ 게임과 관련된 우리 가족의 규칙이 있나요? ☐ 게임을 하고 나면 어떤 생각이 드나요?
기타	☐ 나는 나중에 이런 사람이 되고 싶어요. ☐ 선생님이 꼭 도와줬으면 하는 점이 있나요?

상담은 보통 몇 분 정도가 가장 적당할까요? 학교에서는 업무 담당자가 상담 주간에 앞서 가정으로 보내는 안내장에는 일반적으로 대면상담은 20~30분, 전화 상담은 10~15분 정도로 되어 있습니다. 정해진 규정은 없지만 여러 선생님의 경험에 따르면 그 정도가 적절해 보입니다. 우리 반에서는 대면상담이든 전화 상담이든 20분 상담 10분 휴식을 원칙으로 하고 있습니다. 10분 휴식 시간에는 상담 내용을 간단한 키워드로 정리하고, 다음 학생 자료를 다시 한번 살펴봅니다.

학부모 상담에 불안감을 느끼는 선생님들께는 미리 시나리오를 작성해서 연습하시는 것을 추천해요. 다음은 제가 사용하는 상담 내용과 순서를 정리한 것입니다.

교사　안녕하세요? 지수 어머님이시지요? 처음 뵙겠습니다. 지수 담임 유승재라고 합니다. 교실 찾기가 불편하지 않으셨나요?

교사　여기가 지수가 앉는 자리이고 사물함은 여기에 있습니다. 한 번 둘러보시겠어요?

교사　지수가 요즘 학교생활에 대해서 어머니께 특별히 얘기하는 것이 있나요?

교사　상담 신청서에는 지수에 대해 궁금하다고 적어주셨는데, 구체적으로 어떤 부분이 궁금하신가요?

교사 지수가 친구들 사이에서 잘 지내고 있는지 궁금하실 것 같아요.

교사 지수는 수업 시간에 집중을 잘하는지, 발표는 잘하는지 궁금하시지요?

교사 마지막으로 지수에 대해 제가 꼭 알고 있어야 하는 것이 있을까요? 지수가 급
    식 시간에 주의해야 할 음식이나, 건강과 관련해서 주의해야 할 일들, 이전
    학년에 있었던 특별한 사항이 있으면 말씀해 주세요.

교사 짧은 시간이었지만 지수에 대해 더 많은 것을 알게 되었네요. 오늘 이야기 나
    누지 못했거나, 궁금한 내용이 생기면 문자 주세요. 수업 이후의 시간에 편하
    게 전화 주셔도 됩니다.

신규교사를 벗어난 저도 아직까지 학부모 상담 주간이 되면 아침부터
긴장됩니다. 부담되는 일이라도 선생님이라면 꼭 해야 할 일입니다. 올해
상담은 다음 내용을 생각하며 준비하시면 어떨까요?

> - 마음을 편하게 가지세요. 선생님께서 상담을 편하게 주도해야 학부모님
>   도 마음에 있는 이야기를 편하게 나눌 수 있습니다.
> - 상담을 진행하기 위한 학생 이해자료(상담 기초자료, 평가지 등)를 미리 준비
>   하세요. 이야깃거리가 있어야 대화가 막히지 않습니다.
> - 상담을 진행하고 꼭 휴식 시간을 가지세요. 따뜻한 차 한 잔이 선생님의
>   마음을 녹여줄 수 있습니다.
> - 상담 진행 시나리오를 미리 준비해 보세요. 원하는 정보를 빠짐없이 주
>   고 받을 수 있습니다.
> - '○○이에게 그런 면이 있었네요.', '그런 일이 있었군요.' 등 상황에 맞는
>   공감 멘트가 필요합니다.
> - 오늘 아이를 잘 관찰하세요. 학부모는 가장 가까운 시간의 내 아이의 모
>   습을 가장 궁금해합니다.

상담 주간이 다가와서 선생님 말씀대로 차근차근 준비했습니다. 먼저 아이들의 학습 자료와 학기 초 학생 이해자료를 정리했어요. 선생님께서 제시해 준 질문으로 아이들의 생각도 들어봤어요. 그리고 마지막 시나리오를 만들었습니다. 준비한 만큼 마음의 불안이 조금씩 줄어들었어요.

코로나19 바이러스 확산으로 올해는 전화 상담을 했습니다. 인사부터 상담 진행까지 시나리오대로 차분히 진행했습니다. 교실에서 제가 바라본 아이에 대해 말씀드렸습니다. 이미 준비한 자료가 충분했기에 20분의 전화 통화가 짧게 느껴질 정도였습니다. 지난 학기 중간에 말문이 막혀서 얼굴이 빨개진 것을 생각하면, 이번 상담 주간은 조금은 편안해진 느낌입니다. 상담 중간 휴식 시간에 마신 차 한 잔은 바싹 마른 제 입과 마음을 녹여주었습니다. 제가 그동안 상담을 어렵게 생각한 것은 막연하게 불편하다고 느꼈던 제 마음 때문이었습니다.

학부모와 선생님은
아이를 보는 관점이 달라요

Q 학부모님께 문자나 전화가 오면 가슴이 덜컹해요. 무슨 일로 문자를 보내셨는지 아직 확인하지도 않았는데 불편한 마음이 생겨요. 이런 마음이 드는 제가 이상한 걸까요?

선생님, 그 마음은 대부분 교사가 느끼는 감정일지도 모릅니다. '학부모와 이렇게 하면 좋은 관계를 유지할 수 있어요'라는 주제로 연수 강의를 진행해 본 경험이 있는 저도 업무 시간이 한참 지난 후 학부모가 보낸 문자 알람이 뜨면 마음이 무겁습니다. 경험상 대부분의 문자 내용이 학교폭력, 친구 관계 문제, 안전사고 등 불편한 내용임을 알고 있기 때문입니다.

밤이 늦었는데 핸드폰이 울립니다. 지수 어머니께서 보낸 문자입니다. 알림장을 쓸 때 아이들에게 충분히 설명한 내용을 묻고 있습니다.

"선생님, 밤늦게 죄송합니다. 교원능력개발평가 학부모 만족도 조사는 어떻게 하는 건가요?"

"지수 가방에 안내장도 같이 있으니 확인해 보세요. 방법이 자세하게 설명되어 있습니다. 안내장대로 해보시고 안 되시면 내일 전화 주세요."

이 정도는 괜찮다고 생각하십니까? 지수 어머니께서는 지난번에 '현장체험학습 장소와 도시락', '학교 재량 휴업일', '내일 하교 시간', '미술 준비물' 등을 알고 싶어 문자를 주셨습니다. 이런 일이 없어도 선생님에게 학부모는 막연히 어려운 대상일 수 있습니다. 선생님께 불안한 감정을 주지 않는 학부모일지라도 막상 마주하려면 불편할 수 있어요.

한국교총에서 2019년 5월 '교직 생활 중 만나는 어려움'에 대한 설문 조사를 진행한 적이 있습니다. 이때 응답한 선생님의 대다수가 '학부모와 관계 유지'가 가장 어렵다고 답했다고 합니다. 왜 그럴까요? 선생님과 학부모의 관계에 대해 이해하면 그 답을 찾을 수 있을지도 모르겠습니다.

선생님과 학부모의 관계는 우리가 일상생활에서 맺는 것과는 다릅니다. 선생님의 친구를 생각해 보세요. 내 마음을 알아주는 사람을 친구로 선택합니다. 만나고 싶을 때 만나고, 하고 싶은 이야기를 마음껏 합니다. 때로 다투면 한동안 연락하지 않다가 새로운 친구를 사귀기도 합니다. 학부모와 관계도 이렇게 맺어졌을까요?

3월 첫날이 되면 학생도 학부모도 담임 선생님이 누구인지 궁금합니다. 평소에 '우리 아이 선생님이 되셨으면 좋겠다'라고 생각한 선생님일 수도, 아닐 수도 있습니다. 학부모는 내 아이를 가르치는 선생님을 선택할 수 없습니다. 선생님도 마찬가지입니다. 게다가 마음에 들지 않는다고 다른 사람과 바꿀 수 없습니다. 어떻게 보면 강제적으로 맺어진 관계라고 할 수 있어요. 시작부터 '친함'이 있지는 않았을 것입니다. 그래서 선생님과 학부모의 관계가 불편했던 것은 아닐까요?

선생님에게 학부모는 불편하다고 멀리해야 할 대상이 아닙니다. 선생님과 학부모는 어떤 과정을 통해 어떤 감정으로 만났든 1년을 함께해야 합니다. 학생이 있기 때문입니다. 어색한 관계는 점차 좋아질 수 있습니다. 저는 우리 선생님이 먼저 마음을 열고 손을 내밀어야 한다고 생각해요.

먼저 선생님과 학부모의 시선 차이가 있다는 것을 이해해야 합니다. 선생님과 학부모는 같은 학생을 서로 다른 시선으로 봅니다. 학부모에게 학생은 '내 아이 한 사람'이지만, 선생님에게는 '여러 학생 중 한 사람'입니다. 지금 선생님 머릿속에 내 아이와 내 학생을 떠올려 보세요. 다른 그림이 그려질 것입니다. 바로 그 차이입니다. 학부모가 아이의 이야기만 듣고 상황을 판단하는 이유이기도 합니다.

선생님은 학교에서 일어나는 사건에 대해 학부모가 객관적으로 파악할 수 있는 정보를 제공해야 합니다. 제가 지금까지 겪은 아이들은 사건이 일어났을 때, 상황을 종합적으로 파악하기보다 자기중심적으로 인식하는 경우가 많았습니다. 아이의 말을 듣고 상황을 알게 된 학부모는 상황을 미리 알려주지 않은 선생님께 섭섭함을 느낄 수도 있고, 잘못된 정보에 오해할 수도 있습니다. '이런 것까지 학부모에게 알려야 하나?'라고 고민되시면 일단 전화하세요.

"지수 어머니, 안녕하세요? 오늘 지수가 쉬는 시간에 놀다가 넘어져서 무릎에서 피가 났어요. 보건실에 데려가서 상처 소독하고 약을 발랐어요. 보건 선생님 말씀으로는 상처는 깊지 않아서 흉터는 남지 않을 것 같다고 하셨어요. 그래도 상처 보시면 속상하실까봐 전화 드렸어요. 지수 집에 오면 다시 한번 소독해 주세요."

학부모는 내 아이가 학교에서 잘 생활하고 있는지 궁금합니다. 친구와 잘 지내는지, 수업 내용은 잘 이해하고 있는지 언제나 알고 싶습니다. 16년 동안 제가 만난 아이들 중에는 학교에서 있었던 일을 집에서 자세하게 말하는 아이보다 '그냥 잘 지냈어'라고 건성으로 말하거나, 아무 말도 하지 않는 아이가 훨씬 많았습니다.

저는 수업 중에 사진을 많이 찍습니다. 우리 반 아이들은 선생님이 핸드폰을 들면 자연스럽게 포즈를 취합니다. 보통 2주에 한 번씩 학부모님께 아이들이 활동하는 사진을 보냅니다. 간단한 설명도 곁들입니다.

"오늘 국어 2단원 수행평가로 바르고 공손한 말과 관련된 표어를 만들었습니다. 아이가 표어 속 내용을 잘 지킬 수 있도록 관심 가져 주세요."

저는 내 아이를 중요하게 생각하는 학부모를 위해 개인 문자를 이용하고 있습니다. 문자에 답하는 학부모와 자연스럽게 몇 마디 더하면 이것이 바로 '소통'이 아닐까 생각합니다. 요즘에는 카카오톡이나 클래스팅 등 학부모와 소통할 수 있는 방법이 다양하니 선생님도 시도해 보세요.

학부모는 내 아이의 선생님이 친구처럼 부모처럼 다정하게 대해주는 선생님이었으면 좋겠다고 생각합니다. 그럼 아이들을 다독여 주지 못하는 선생님은 신뢰하지 못하겠지요. 어쨌든 잘 가르치는 교사보다 더 중요한 것은 아이들과 함께하는 교사인 것 같습니다.

제 옆 반 선생님은 쉬는 시간이 되면 아이들에게 둘러싸여 있습니다. 가만히 들여다보면 아이들은 쉴 새 없이 물어보고, 선생님은 답합니다. 아이들과 함께 교실 바닥에 앉아 공기놀이도 합니다. 선생님은 잠깐의 쉼을 빼앗긴 표정이 아니라, 아이들과 같은 표정입니다. 이 반 아이들은 집에서 자기 선생님 이야기를 꼭 할 것 같습니다.

선생님, 아이들과 활동을 같이 해보세요. 아침에 아이들과 같이 책을 읽어보세요. '조용히 해'라고 여러 번 말하는 것보다 더 효과가 있습니다. 아침놀이 시간에 잠깐의 업무처리를 포기하고 아이들 긴 줄넘기를 돌려주세요. 쉬는 시간이면 아이들과 같은 교실 바닥에서 놀아보세요. 아이들보다 더 신나는 시간을 보낼 수 있습니다. 물론 선생님에 대한 학부모의 신뢰는 높아지고 있습니다.

저는 오늘도 아침부터 문자를 보냅니다.

"어머니, 혹시 어제 민재가 옷을 잃어버렸나요? 아침에 교무실에서 민재 옷과 같은 무늬를 본 것 같아요."

"어제 지홍이가 배가 아프다고 했는데 지금은 괜찮은가요? 혹시 점심 먹을 때 주의해야 할 음식이 있나요? 오늘도 잘 살펴볼게요."

"요즘 아침 활동 시간에 석우가 제법 진지하게 책을 읽고 있네요. 쉬는 시간에는 숨이 넘어갈 정도로 뛰어다니는데 가만히 앉아있는 모습을 보니까 신기해요."

문자 보내는 중에 민재 어머니께 답장이 왔어요.

"민재가 어쩐지 학원에 갈 때 다른 옷을 입고 가더라고요. 알록달록 색깔이 맞나요?"

"네. 제가 매일 보던 빨강, 파랑, 노랑, 초록 진한 선들이 그려져 있는 옷이요. 오늘 제가 잘 챙겨서 보내겠습니다."

이러한 사소한 대화들이 저와 학부모를 더 가깝게 만듭니다. 제가 학부모와 친해진 비결이 바로 '사소한 연락'입니다. 오늘도 쉬는 시간에 몇 번은 교실 바닥으로 내려갈 예정입니다.

곰곰이 생각해 보니까 한 아이를 보는 학부모와 교사의 시선이 다른 것은 당연해요. 선생님인 제가 학부모가 된다면 제 아이를 학부모의 시선으로 볼 것 같아요. 학부모님은 아이가 학교에서 어떻게 지내는지 알고 싶은 것은 당연하잖아요. 그래서 저도 소통을 시작했습니다.

아이들의 학습 장면을 사진에 담기 시작했습니다. 활동에 집중하지만 얼굴도 살짝 보이는 사진에 간단한 활동 설명을 넣어서 보내드렸습니다. 저희 아이들은 지금 5학년인데도 부모님들은 정말 좋아하셨어요. 대부분의 부모님들이 감사하다는 답장을 보내주셨어요. 1~2주마다 꼭 한 번씩 보내야겠다고 다짐했어요.

이전에는 '이 정도까지 전화로 알려드려야 할까?' 고민하던 일들이 생기면 바로 전화합니다. 가벼운 상처로 시작한 대화가 아이에 대한 즉석 상담이 됩니다. 전화를 받은 부모님들이 오히려 신경 써 주셔서 감사하다고 말합니다. 저는 오히려 잘 돌보지 못해 죄송하다고 말하며 끊습니다. 서로 대화하면 오해가 쌓이지 않는다는 선생님 말씀을 실감했습니다.

학부모는
아이가 책 읽는 것을 좋아해요

Q 학부모와 상담할 때 학교에서 책을 많이 읽었으면 좋겠다는 말을 많이 들어요. 교과 공부보다 더 중요하게 생각하는 것 같아요. 책 읽는 교실 만들기를 위한 좋은 방법이 있을까요?

문화체육관광부에서는 2년을 주기로 국민 독서 실태조사를 진행합니다. 2021년에 진행한 조사에서 1년 동안 책을 1권도 읽지 않은 초등학생의 비율이 2019년에 비해 1.6% 증가했다고 합니다. 연간 종합 독서량도 평균 6.6권 감소한 것으로 나타났습니다. 학부모들은 독서량의 감소를 몸소 겪고 있으니 학교에서라도 책 읽기를 바라고 있는 것입니다.

국민 독서 실태조사에 참여한 아이들은 책을 멀리하게 된 이유를 다음과 같이 말했다고 합니다.

- 스마트폰, 텔레비전, 인터넷, 게임 때문에
- 교과 공부 때문에 책 읽을 시간이 없어서
- 책 읽는 습관이 들지 않아서
- 책 읽기가 싫어서

방과 후 수업을 기다리거나 학원 가는 길에 삼삼오오 모여 스마트폰 게임에 집중하는 아이들 사이에 책이 스며들 공간이 없어 보입니다. 집에 가서도 늦게까지 숙제해야 하는 아이들은 독서보다 휴식이 더 필요합니다. 일과를 마치고 유튜브 영상을 보면서 쉬는 아이에게 책을 권할 수 없습니다. 아이들이 책을 멀리하게 된 이유는 아이들 탓만은 아닌 것 같습니다.

　실제 책을 많이 읽는 아이도, 책을 멀리하는 아이도 독서를 중요하게 생각합니다. 학부모도 선생님도 아이들이 꼭 책을 읽어야 한다고 생각합니다. 독서를 성공의 비결이라 하고, 소중한 친구를 만나는 것이라고도 말합니다. 책 속에서 세상의 많은 것들이 담겨 있다고 합니다. 제가 독서를 강조할 때 아이들에게 들려주는 이야기가 있습니다.

　"마이크로소프트사의 창업자 빌 게이츠(William H. Gates)는 '오늘의 나를 있게 한 것은 우리 마을의 도서관이었다. 하버드 대학 졸업보다 소중한 것이 책 읽는 습관이다'라고 말했습니다. 이 말 속에 독서의 중요성이 모두 담겨 있다고 생각합니다."

　독서한다는 것은 의미를 지닌 말로 표현된 문장이나 글을 이해하면서 읽어 나가는 것을 말합니다. 글쓴이의 생각을 배우고, 감정을 알아가는 과정입니다. 그 과정에서 직접 보지 못한 다른 세상을 경험할 수 있습니다. 책 속에서 만난 위로가 살아가는 힘을 주기도 합니다. 아이들의 독서는 성격 형성에도 영향을 미친다고 합니다. 책 속 다른 사람의 이야기를 자신의 이야기로 만들어 갑니다. 좋은 책 한 권이 인생의 방향을 만들어 줄 수 있습니다.

　책을 좋아하게 하는 것이 아이들에게 줄 수 있는 가장 큰 선물이며 아무리 오래 걸려도 포기해서는 안 된다고 한 누군가의 말처럼, 교사들도 아이들에게 선물해야 할 것은, 바로 책 읽는 교실을 만드는 것입니다.

책 읽는 교실을 만드는 첫걸음은 생각보다 어렵습니다. '책을 읽어요'라고 말하면 누구나 바른 자세로 앉아 책을 읽는 것이 아니니까요. 어떤 아이는 한쪽도 다 읽지 못하고 뒤돌아보며 얘기하고, 어떤 아이는 책장에서 책을 꺼내지도 않습니다. 책을 읽고자 하는 의지가 없는 아이들 몇 명에 의해 독서 분위기는 쉽게 망가집니다. 그래도 선생님은 책 읽는 교실 만들기를 끊임없이 시도해야 합니다. 지난 16년 동안 시행착오 끝에 만들어진 우리 반의 책 읽는 방법에 대해 말씀드리겠습니다.

먼저 아이들의 독서 성향을 파악해야 합니다. 한 시간 동안 책 읽는 시간을 주세요. 꼼짝하지 않고 책 읽는 아이, 10분도 견디지 못하고 꼼지락대는 아이, 두꺼운 책도 힘들지 않게 읽는 아이, 글자 수가 적은 책만 찾는 아이가 한눈에 보일 것입니다. 그리고 아이들의 독서 성향을 파악하기 위한 설문지를 작성합니다. 아이들이 어떤 목적으로 책을 읽는가, 어떤 책을 주로 읽는가를 파악해야 그에 맞는 독서 분위기를 조성할 수 있습니다.

- <독서 수준 파악> 최근 읽은 책 제목을 생각나는 대로 써보세요.
- <독서 목적 파악> 책을 읽는 이유는 무엇인가요? 순서대로 써보세요.
  ① 지식을 얻기 위해 ② 재미있으니까 ③ 부모님이 읽으라고 하시니까
  ④ 공부를 잘하기 위해 ⑤ 기타 (   )
- <독서량 파악> 일주일 동안 몇 권의 책을 읽습니까?
- <독서 관심 분야 파악> 어떤 분야의 책을 주로 읽습니까? 순서대로 써보세요.
  ① 과학 ② 역사 ③ 동화 ④ 동화 ⑤ 위인전 ⑥ 기타 (   )
- <독서 환경 파악> 주로 어느 장소에서 책을 읽습니까?
- <독서 환경 파악> 책을 읽을 때 나의 책 읽기를 방해하는 것들은 무엇입니까?

- <독서 성향 파악> 책을 고르는 기준은 무엇입니까?
- <독서 성향 파악> 지금까지 읽은 것 중 가장 기억에 남는 책은 무엇입니까?
- <독서 성향 파악> 지금 가장 사고 싶은 책은 무엇입니까?
- <독서 성향 파악> 책을 읽기 가장 싫은 이유는 무엇입니까?

교실에 작은 도서관을 만들어 보세요. 저는 교실 한쪽 구석에 '키다리 아저씨네 책방'이라는 간판을 만들고, 새로 구입한 도서나 학교 도서관에서 빌려온 책을 전시했습니다. 선생님이 추천하는 책은 표지가 보이도록 전시했습니다. 까페 분위기가 나는 의자와 테이블을 준비했습니다. '책 읽는 날 아침 시간에 일찍 오는 친구들은 누구든지 앉아도 좋습니다'라고 말하니 떠들며 책 읽기를 방해하던 친구들이 가장 먼저 자리를 차지합니다. 특별한 자리라고 생각하니 다른 아이들이 부러워하고, 자리를 차지한 아이들은 뿌듯합니다.

선생님이 먼저 책 읽는 모습을 보여주세요. 부모의 책 읽는 모습을 본 아이들의 독서량이 많은 것처럼 선생님의 책 읽는 모습도 아이들에게 영향을 줍니다. 아침 시간이 되면 컴퓨터 책상에서 일어나 책을 읽어 보세요. 선생님의 독서를 방해하지 않으려고 조심스럽게 행동하는 아이들의 귀여운 모습을 보실 수 있습니다. 저는 아이들에게 추천하고 싶은 동화를 읽었습니다. 다 읽은 책은 책보다 다른 것에 더 관심을 보이는 아이 책상에 툭 내려놓습니다.

독서감상문을 강요하지 마세요. 독서감상문은 책을 읽은 아이들이 이해한 내용을 여러 가지 방법으로 표현함으로써 생각을 확장하는 활동이라고 합니다. 그렇지만 저는 수업 시간의 독후활동이 아니라면 독서감상문 쓰기를 강요해서는 안 된다고 생각합니다. 아이들에게 독서는 즐거운 활동이지만, 독서감상문은 학습이나 과제로 생각하기 때문입니다. 선생님이 아이들에게 선물해야 하는 것은 독서감상문 작성하는 능력이 아니라, 책을 즐겁게 읽는 습관입니다. 독서할 때는 책에만 집중할 수 있게 해주세요.

　다독의 환상에서 벗어나야 합니다. 한 학기에 100권 읽기, 다독왕 선발 등과 같이 책 많이 읽기를 도전하던 때가 있었습니다. 하루에 책을 5권씩 읽는다는 아이에게 책의 주인공이 한 일을 물어봤습니다. 분명 읽었는데 갑자기 생각나지 않는다고 당황한 아이의 표정이 잊히지 않습니다. 내용은 생각하지 않고, 빨리 글자를 읽었을 뿐입니다. 짧은 시간 대량의 얕은 독서는 앞에서 말한 독서의 긍정적인 효과를 바랄 수 없습니다. 초등학교 저학년이나 독서 초보자일수록 다독의 함정에 빠지지 않도록 주의해야 합니다.

　재미있고 좋은 책을 모아야 합니다. 좋은 책이 많은 도서관일수록 이용 빈도가 높습니다. 저는 '키다리 아저씨네 책방'을 운영하면서 아이들에게 새로운 책을 주기적으로 제공할 방법을 고민했습니다. 새 학기가 되면 '내가 가장 재미있게 읽은 책'을 기부받았습니다. 한 달에 한 번 학생 수만큼 학교 도서관에서 대출받기도 했습니다. (학교 도서관은 선생님의 경우 장기간 대량의 책을 대출할 수 있습니다.)

　최근 독서 방법의 변화를 이야기하는 사람들이 많습니다. 디지털 매체에 익숙한 요즘 사람들은 종이책보다 전자책을 좋아합니다. 독서와 친하지 않은 사람들도 오디오북이나 챗북과 같은 서비스로 독서에 도전합니다. 책을 읽어주는 독서 예능프로그램도 등장했습니다. 혹자는 독서보다 검색이 보편화된 세상에서 종이책을 고집하는 것은 시대 상황과 맞지 않는다면서 독서 경험에 대한 고정관념이 바뀌어야 한다고 말합니다.

저는 우리 아이들에게 전자책이 아닌 종이책을 고집해야 한다고 생각합니다. 앞에서 말했듯 독서는 아무 의미도 없는 단순한 문자를 읽는 것이 아니라, 문장이나 글을 이해하면서 글쓴이의 생각을 배우고, 감정을 알아가는 과정입니다. 독서는 몰입(flow)이 필요합니다. 한 페이지 정도로 짧고 단순한 글을 이해할 때 전자책과 종이책에 큰 차이가 없지만, 한 권 정도 분량의 긴 글에서는 몰입이 없으면 그 내용을 이해하기 힘듭니다. 종이책은 아이들에게 몰입하는 힘을 줍니다.

소설가 프란츠 카프카(Franz Kafka)는 책은 우리 내면에 존재하는 얼어붙은 바다를 깨는 도끼라고 했습니다. 얼어붙은 바닷속에는 우리가 상상할 수 없는 많은 것들이 있습니다. 우리가 살아가는 데 필요한 지식과 정보가 그곳에 있고, 삶의 즐거움과 위안도 같이 있을 것입니다. 일생을 통틀어 뇌와 정서가 가장 발달하는 어린 시기에 선생님이 선물하는 책 읽는 습관은 생각하는 능력을 일깨우는 도끼가 될 것입니다. 기쁨을 즐겁게 받아들이고, 슬픔을 안타깝게 여기는 유연한 감성을 줄 것입니다. 이것이 아이들이 책과 함께해야 하는 이유입니다.

아침부터 쏟아지는 메신저 업무 지시로 정신이 없습니다. 컴퓨터 앞에 앉아 공문을 확인하고, 여러 선생님이 요청한 자료를 보냅니다. 프린트한 종이와 책들이 뒤엉켜 어지러워진 책상을 보다가 떠들고 있는 아이들을 보니 괜히 화가 납니다. 조용히 하라고 아침부터 소리치고 다시 업무를 시작합니다. 저의 아침 풍경이었습니다.

제가 바쁠 때마다 아이들이 유난히 떠든다고 불평했을 때 '애들은 계속 떠들었어요. 선생님이 바쁘니까 예민해져서 그렇게 느낀 것이 아닐까요?'라는 선생님의 말씀에 마음이 내내 불편했어요. 아이들과 함께 책 읽는 교실을 꿈꾸면서 아이들만 책 읽게 하고 저는 아이들보다 더 다른 행동을 했으니까요.

아침에 아이들보다 먼저 출근해서 메신저를 확인하고, 아이들이 등교하면 아이들보다 먼저 책을 읽습니다. 동화는 짧기도 하고 몰입하기도 쉽습니다. 평소 우당탕탕 들어와 소란스럽게 만들던 아이들도 조용히 들어와 더 조용히 책을 꺼냅니다. 아이들에게 책을 읽으라고 소리치지 않아도 책 읽는 아이들이 신기합니다. 비로소 책 읽는 교실이 된 것 같아요.

학부모가
작은 선물을 보내왔어요

Q 교외 체험학습을 다녀온 아이가 친구들 준다고 초콜릿을 잔뜩 가져왔어요. 선생님에게 줄 초콜릿을 한 상자나 준비했어요. 초콜릿을 본 순간 아이의 예쁜 마음보다 부담감을 먼저 느꼈어요. 이때 저는 어떻게 해야 하나요?

국민권익위원회 홈페이지에 청탁 금지 질의응답 게시판에 올라온 내용을 간단히 소개합니다.

> **Q** 제가 선생님께 사탕을 드리고, 선생님께서는 저에게 간식을 주시는 것이 불법인가요?
>
> **A** 학생에 대한 지도, 평가 등의 업무를 수행하는 선생님과 학부모(학생) 사이에는 직무 관련성이 높고, 직무상 이해관계가 존재한다고 볼 수 있어 어떤 선물이라도 허용되지 않습니다. 그러나 학생은 청탁금지법상 공직자 등에 해당하지 않으므로, 청탁금지법의 적용 대상에 해당하지 않습니다.

아이가 가져온 초콜릿을 친구들과 나눠 먹을 수 있으나, 선생님은 아이에게 거부 의사를 밝히고 돌려줘야 합니다.

선생님을 고민하게 만든 「부정청탁 및 금품 등 수수의 금지에 관한 법률」, 즉 청탁금지법은 2015년 3월 제정·공포되었고 2016년 9월 28일부터 시행되었습니다. 청탁금지법을 제안한 김영란 교수는 "오랜 관행과 습관, 문화를 바꾸는 것이 청탁금지법의 목적이다. 처벌에 집착하기보다는 부패 문화를 바꾸는 데 역점을 두어야 한다"고 말하며, 이 법률로 우리 사회가 청렴해지길 바랐습니다.

청탁금지법의 교육 분야 적용 대상 기관은 시·도 교육청, 「초·중등교육법」, 「고등교육법」, 「유아교육법」 및 그 밖의 다른 법령에 따라 설치된 각급 학교 및 「사립학교법」에 따른 학교법인이므로 선생님도 당연히 청탁금지법 적용 대상입니다.

청탁금지법 시행 전에 학부모나 아이에게 선물을 받으면 무언가 빚지는 기분이 들었습니다. 현장체험학습일에 도시락을 주시면 다음 날 도시락에 과일이나 비스킷으로 채워 돌려드렸습니다. 여행을 다녀왔다고 간식 상자를 주시면, 아이가 보는 앞에서 감사하다고 말하고, 교실 아이들과 같이 나누어 먹었습니다. 나눠 먹을 수 없는 선물을 보내주시면, 아이가 읽는 책 선물로 돌려드렸습니다.

청탁금지법이 생긴 지금은 제 마음이 편해졌습니다. 아이들이나 학부모가 감사를 표하며 무엇을 주려고 하면 '청탁금지법 때문에'라는 말로 감정이 상하지 않게 거절할 수 있습니다. 현장체험학습 때 학부모가 보내준 도시락 속에 무엇을 넣어 돌려드릴지 고민할 필요가 없습니다. 저만큼이나 아이들과 학부모도 마음도 편해졌을 것 같습니다. 스승의 날이나 명절에 어떤 선물을 할지 고민하지 않아도 되니까요. 상담을 위해 선생님을 만나러 갈 때 빈손으로 가는 것이 당연해졌습니다. 선물을 주지 않아도 되니 선물을 받는 부담도 생기지 않습니다.

아이들이 수줍게 내민 사탕 하나도 받을 수 없어 삭막해졌다고 말하는 사람도 있습니다. 감사의 마음을 거절하는 것이 예의가 아니라고 말하기도 합니다. 교실에서 학부모와 커피 한 잔 같이 마시는 것이 부정부패와 무슨 상관이 있냐며 불만을 토로할 수도 있습니다. 그렇게 생각하는 사람들에게 '아이들이 자라는 공간은 세상 어느 곳보다 깨끗해야 합니다. 청탁금지법이 꼭 필요한 곳이 학교와 교실입니다'라고 말해주고 싶습니다.

국민권익위원회 청탁금지해석과에서는 2019년 4월 「학교에서 알아야 할 청탁금지법」을 발표했습니다. 국민권익위원회 홈페이지 질의응답에서 가장 많은 비율을 차지한 사례를 알기 쉽게 설명한 것입니다. 그 내용을 참고해서 교실에서 선생님이 신경 써야 할 부분을 소개하겠습니다.

아이와 학부모가 직접 쓴 손편지와 카드를 보냈습니다. 받아도 괜찮을까요? 이 경우는 괜찮다고 합니다. 특별히 과도한 경우가 아니라면 아이와 학부모가 직접 쓴 손편지, 카드를 제공하는 것은 청탁금지법에 저촉되지 않습니다. 아이들과 부모님이 담긴 편지를 받을 수 있어 참 다행입니다.

매년 5월 15일은 선생님으로 가장 뿌듯한 날이자 동시에 부담되는 날입니다. 스승의 날 카네이션을 받아도 될까요? 이 경우는 상황을 잘 살펴야 합니다. 스승의 날에 학생 대표가 담임교사 및 교과 담당 교사에게 공개적으로 제공하는 카네이션, 꽃은 사회상규에 따라 허용됩니다. 그렇지만 학부모가 꽃을 보내는 것은 안 됩니다. 학생 개개인이 가져오는 카네이션도 안 된다고 해요. 선물도 당연히 받으면 안 됩니다.

상담주간이면 긴장을 풀기 위해 학부모와 따뜻한 차를 한 잔 나눕니다. 저는 제 아이의 담임 선생님이 주셨던 따뜻한 국화차의 향기를 아직도 기억합니다. 그럼 상담 주간에 학부모가 커피를 가져오셨는데 같이 마셔도 괜찮을까요? 당연히 안 됩니다. 학생에 대한 평가·지도를 담당하는 담임교사 및 교과 담당 교사와 학부모 (학생) 사이의 선물은 어떤 경우라도 인정되지 않습니다. 반대로 선생님이 학부모에게 대접하는 따뜻한 차는 괜찮습니다. 학부모는 청탁금지법 적용 대상이 아니기 때문입니다.

학기 중에 결혼하는 선생님이 있습니다. 이때 학부모가 선생님의 결혼식에 축의금을 내는 것은 괜찮을까요? 학부모가 내는 축의금은 금품수수에 해당하므로 받아서는 안 됩니다. 선생님과 학부모는 학생의 지도 및 평가와 관련해서 직무상 이해관계가 존재하니까요. 선물도, 기프티콘도 당연히 거절해야 합니다. 그러나 아이들이 부르는 축가는 괜찮다고 합니다.

졸업식에 선생님께 드리는 선물은 괜찮을까요? 아쉬운 마음과 감사한 마음을 담아 아이의 꽃다발과 함께 선생님 것도 준비합니다. 그동안 못 드렸던 커피를 선생님 책상에 몰래 놓고 가는 아이들도 있습니다. 졸업식 당일에 담임 선생님께 드리는 선물은 괜찮습니다. 상급학교로 진학한 후에는 이전 학교에 재학했던 학생(학부모)과 교사 간에는 직무 관련성이 없기 때문입니다. 단, 아직 동생이 그 학교에 다니고 있고, 그 동생이 선생님의 직무와 관련 있는 경우에는 사양해야 합니다.

작년에 담임했던 아이들을 복도에서 마주치면 아이들도 선생님도 반가워합니다. 말썽을 부렸던 아이들도 마냥 귀엽습니다. 그런데 어느 날 갑자기 학부모님이 작년 담임교사인 저에게 선물을 주셨습니다. 받아도 될까요? 성적평가 등 학사 일정이 완전히 종료된 경우라면 종업식 날 이후 전 학년도 담임 선생님께 5만 원 (농수산물 및 그 가공품의 경우 10만 원) 이하의 선물은 허용될 수 있습니다. 부담스럽지만 받아도 괜찮습니다. 다만, 이전 학년 담임 선생님이 학생 진급 후에도 해당 학생에 대한 평가·지도를 담당한다면 꼭 거절해야 합니다.

지금까지 선생님이 받는 선물에 대해 말했는데, 반대로 선생님이 아이들에게 주는 선물은 어떨까요? 또는 친구들끼리 주고받는 선물은 어떨까요? 다음 상황은 청탁금지법에 비추어 괜찮을지 판단해 보세요.

담임 선생님이 아이들에게 간식을 주어도 되나요?

초등학교에 다니고 있는 자녀의 생일에 반 친구들과 나누어 먹을 수 있는 케이크나 간식을 보내도 되나요?

각종 기념일에 아이들끼리 선물이나 과자를 주고받아도 되나요?

세 경우 모두 가능합니다. 아이들은 청탁금지법에 따른 공직자 등에 해당하지 않으므로, 담임 선생님이 아이들에게 학업 성취에 대한 보상으로 간식 등 음식물을 제공하거나 학부모가 자녀의 생일에 친구들과 나누어 먹을 수 있는 케이크나 간식을 보내는 것은 청탁금지법의 규율을 받지 않습니다.

감사한 마음의 전달이 아닌 무언가를 청탁하기 위해 선물을 보내는 학부모도 있습니다. 이때는 부정청탁 수용 사실이 발각될 경우, 청탁금지법에 따라 처벌받는다는 말과 함께 거절하는 의사를 명확히 표시해야 합니다. 청탁 거절로 불편한 관계에 대한 부담이 생겨도 청탁을 받은 즉시 거절하는 것이 가장 좋은 결정이 될 수 있습니다. 선생님이 학교에서 아이의 편의와 특혜 제공, 성적 관련 부탁, 업무 진행 절차문의 등을 위해 금품과 함께 청탁을 받았을 경우 청탁 방지 담당관(교감)과 꼭 상담하세요.

청탁금지법이 시행된 후, 학부모들은 담임교사에게 어떤 이유에서든 선물하면 안 된다는 인식이 생겼습니다. 교사가 학부모의 성의를 거절해야 하는 난처한 상황도 눈에 띄게 줄었습니다. 그래도 선생님은 처음 만난 3월부터 단호하게 거절하는 인식을 아이들과 학부모에게 전해야 합니다. 학부모 안내장과 학생 지도를 통해 선물에 대한 인식을 없애야 합니다. 저는 상담주간이 되면 학부모에게 이런 문자를 보냅니다.

"커피와 차는 선생님이 준비합니다. 부모님께서는 아이들에 대해 상담할 내용만 들고 오시기 바랍니다."

❗ 후배 선생님이 들려주는 교실 이야기

카카오톡 선물하기로 교환권을 보내시는 부모님께 정중하게 거절하면 되는 줄 알았습니다. 아이 손에 들려 보낸 선물을 감정 상하지 않게 말씀드리고 돌려드리면 되는 줄 알았습니다. '아이에게 받은 사탕 하나쯤은 괜찮겠지', '커피 한 잔쯤은 뭐 어때? 만 원도 안 되는데'라고 생각했습니다. 선생님과 이야기 나눈 후 금액이 문제가 아니라 아이와 선생님의 관계가 문제가 된다는 것을 알았습니다.

학부모는 그 어떤 선물보다 아이 담임 선생님 선물을 고르는 데 신중할 수밖에 없습니다. 아이가 다시 가져오는 선물을 보면 학부모 입장에서는 기분이 나쁠 수 있습니다. 용기를 내어 선생님께 간식을 드렸는데 받을 수 없다는 선생님의 말에 아이도 상처받을 수 있습니다.

아이들에게 청탁금지법을 모두 설명할 수 없지만, 선생님이 선물을 받을 수 없는 이유를 알려줬어요. 선생님이 알려주신 내용으로 안내장을 만들어 가정으로 보냈어요. 학부모와 만나야 하는 경우 시간 약속 문자에 커피와 차는 제가 준비한다고 빈손으로 오시라고 부탁했어요. 이제는 선물보다 좋은 말로, 손편지로 마음을 전합니다.

옆 반 선생님이
불편할 때가 있어요

Q 옆 반 선생님이 너무 불편해요. 경력이 얼마 되지 않는 저를 도와주는 것은 고맙지만, 너무 어린애 취급하는 것 같아요. 제가 선생님이라는 것을 잊으신 것 같아요. 이럴 때는 어떻게 하는 것이 좋을까요?

한 학년에 한 학급만 있는 소규모 학교를 제외하고 대부분 동학년 선생님들과 함께 보냅니다. 동학년 선생님들과 교육과정을 논의하고, 학년 특색 주제 및 학년 행사도 같이 고민합니다. 때로는 공동 수업을 계획하기도 하고, 혼자 해결하기 어려운 학생 사안에 같이 대응하기도 합니다. 학년 부장을 중심으로 여러 선생님이 힘을 모아 일 년의 교육을 함께합니다.

동학년 선생님과 함께하는 일들이 모두 좋을 수만은 없습니다. 교육과정 및 학년 운영에 대한 생각은 처음 만났을 때부터 차이가 생길 수 있습니다. 성향도, 경력도, 성별도 다른 사람들이 서로의 차이를 좁히기란 쉽지 않습니다. 이러한 차이를 인정하지 않아서 갈등이 생기기도 합니다. 동학년 내에서는 자신의 생각대로 학급을 운영하는 것보다 모든 학급이 같은 수준으로 움직이길 원하는 선생님들이 있습니다. 차이 또한 함께 나누어야 한다고 생각합니다.

저는 학년 교육과정에 맞춘 수업과 평가, 학년의 일에 대한 고민에 대해 선생님이 불편하다고 느끼는 것이 아니라고 생각합니다. 함께 교육목표를 이루어나가는 과정에서 선생님 마음을 무겁게 만드는 몇 가지 요소가 있을 것입니다. 그 바탕에는 선생님이 교직 경험이 많지 않고, 나이가 어려서 생기는 일들이 많을 것입니다. 제가 멘토로 활동하면서 들은 몇 가지 사례를 보고, 선생님도 같은 상황인지, 그 상황에서 같은 마음이었는지 비교해 보시기 바랍니다.

열심히 하려는 저의 의욕을 꺾어요.

새 학년을 맞아 교실 환경을 정리하고 있었어요. 옆 반 선생님이 오셔서 '귀찮게 그런 것을 왜 해?'라고 말하면서 대충대충 하라고 해요. 퇴근하는 길에 그 선생님 교실을 봤더니 제가 하려고 했던 독서 나무, 생일 축하 등을 이미 다 꾸며 놓으셨더라고요. 그 후 제가 무언가 하려고 하면 의욕 꺾는 말을 해요. 우리 교실에 안 왔으면 좋겠어요.

저는 아이들과 움직이면서 수업하는 것을 좋아해요. 교실에서 활동 중심 수업을 하면 아이들이 큰 소리를 내서 옆 반에 피해 갈까 봐 야외로 나가기도 해요. 그런데 어느 날 저를 따로 불러서 혼자만 좋은 선생님 되려고 한다고, 다른 선생님들은 생각하지 않고 짜증을 내셨어요. 그 뒤로 아이들 데리고 나가기가 부담스러워요. 왜 저희 반 수업까지 옆 반에 맞춰야 하는지 모르겠어요.

업무를 저에게 미뤄요.

옆 반 선생님은 학교 일 말고 하는 일이 많아요. 대학원도 다니고, 연구회 활동도 하고, 영재 강의도 하는 것 같아요. 매일 바쁘다는 말을 입에 달고 살아요. 처음에는 열심히 활동하는 모습이 보기 좋았어요. 그런데 언제부터인가 바쁘다는 핑계로 일을 부탁해요. '내가 시간이 없어서 그러는데 이것 좀 부탁해도 될까?'를 시작으로 이제는 당연하게 자신의 업무를 맡겨요. 이제 복도에서 그 선생님을 마주치면 또 일을 맡길까 싶어 덜컥 겁이 나요.

어리다고 저를 무시하는 것 같아요.

저희 학년에서 제가 제일 어려요. 경력도 가장 적지요. 처음 만났을 때부터 저에게 이것저것 가르쳐주셨고, 저도 모르는 것이 있으면 편하게 물어보는 선생님이 있었어요. 그런데 어느 순간부터 제가 그 선생님의 학생이 된 것 같아요. 저도 우리 반 아이들 앞에서는 선생님인데, 아이들 앞에서 제 이름을 아무렇지 않게 불러요. 선생님들끼리만 있을 때는 괜찮은데, 아이들 앞에서는 선생님이라는 호칭도 붙이고, 존댓말을 해주셨으면 좋겠는데요.

학년 회의 시간이 되면 소외되는 느낌을 자주 받아요. 학년 행사를 진행하기 위해 모였을 때, 저도 제 생각을 이야기합니다. 우리 반도 같이 해야 하니까요. 그런데 유독 제 생각을 무시하는 선생님이 있어요. '내가 다 해봐서 아는데 그렇게 하면 힘들어. 문제가 많이 생겨'라고 말하면서 무엇이 힘든지, 어떤 문제가 생기는지는 말해주지 않아요. 결국 제 의견은 경력이 많은 선생님들의 의견에 밀려요. 어떤 때는 우리 반만 따로 하고 싶어요.

제 생각을 자꾸 가로채요.

제가 볼 때 우리 학년에서 일이 제일 적은데 학교 업무가 너무 많다고 불평하는 선생님이 있어요. 업무 때문에 수업 준비할 시간도 없다고 해요. 제가 고민해서 만든 수업 자료를 보내주면, 자기 수업에 그대로 사용해요. 학년 회의 시간이 되면 자기가 고민해서 수업한 것처럼 다른 선생님들에게 소개해요. 이런 일이 여러 번 반복되니 제가 고민한 수업을 자꾸 숨기게 돼요.

경력이 많지 않은 선생님들은 갈등 상황이 반복되더라도 적극적으로 대처하기 어렵습니다. 교사 갈등은 금방 소문이 퍼집니다. 갈등에 적극적으로 대처했을 경우 자신의 잘못이 아닐지라도 부정적인 소문과 시선에 대한 걱정이 먼저 앞설 것입니다. 선생님들은 갈등 원인을 직접 해결하려고 하기보다 갈등 상황을 회피하여 스스로 마음을 다스리고, 마음을 나누는 다른 선생님과 상담하며 위로받는다고 합니다.

이제부터 저의 초임교사 시절 직접 겪었던 경험과 멘토로 활동하면서 저경력 선생님과 교사 갈등에 대해 상담했던 내용을 소개하겠습니다.

학년 교육과정과 학년의 결정에 너무 얽매이지 마세요. 학년 특색이 담겨 있어 학년 전체가 같은 목표를 달성하기 위해 노력하지만, 그 도달 방법은 모두 다릅니다. 선생님이 다르고 아이들이 다릅니다. 학년 협의를 통해 결정된 사항을 선생님만의 생각을 더해 멋지게 적용해 보세요. 아침 활동을 독서로 정했다면, 다양한 독서 놀이를 고민해 보세요. 학년 특색으로 글쓰기를 시도하고 있다면, 김성효 선생님의 『초등공부, 독서로 시작해 글쓰기로 끝내라』 같은 책을 참고해서 아이들이 글쓰기에 더 쉽고 정교하게 접근할 수 있도록 해보세요.

저경력 교사의 참신함을 잃지 마세요. 저는 신학기가 되면 옆 교실을 자주 들릅니다. 옆 반 신규 선생님의 톡톡 튀는 아이디어를 따라갈 수 없습니다. 교실을 꾸미는 캐릭터도 새롭고, 아이들과 계획하는 활동도 참신합니다. 제가 먼저 협업을 제안합니다.

"학급 환경 구성에 대해 같이 고민하면 어때요? 제가 교육과정 관련해서 꼭 있어야 할 것을 고민할 테니, 그것을 어떻게 표현하는지는 같이 하면 안 될까요?"

매일 들러 선생님의 학급을 평가하는 교사가 있다면, 선생님 교실의 좋은 점을 따라 하려는 것일 수도 있어요. 경력이 많아질수록 매너리즘에 빠져있지만 저경력 선생님들의 톡톡 튀는 참신함을 부러워하는 선생님이 많으니까요.

선생님을 존중하지 않는 그 선생님을 찾아가세요. 저는 이 부분에 대해 정중하면서 적극적으로 대처해야 한다고 생각합니다. 아이들 앞에서 습관적으로 선생님에게 존대하지 않는 선배 교사가 있다면 이렇게 말해보세요.

"선생님 우리 학년에서 제가 제일 어리니까 우리 아이들도 제가 선생님보다는 형이나 오빠로 보이나 봐요. 너무 편하게 대하는 것 같아요. 다른 선생님들이 아이들 앞에서 제 이름을 부르고 존댓말을 써 주시지 않으니까 더 그런 것 같아요. 선생님 제가 어떻게 하면 좋을까요?"

선생님을 불편함을 들은 그 선생님도 '아차'하며 자신의 실수를 깨달을 것입니다.

업무를 부탁하는 선배 교사가 있다면 완곡하게 거절하세요. 같이 해야 하는 공동의 업무와 선배 교사의 개인적인 업무는 확실히 구분해야 합니다. 학년 공동의 업무는 함께할수록 선생님이 아이들과 함께할 때 도움이 될 수 있습니다. 그러나 사적인 업무는 선생님을 지치게 만듭니다.

"선생님 제가 우리 학급 아이들과 함께 계획하고 있는 행사 준비로 너무 바쁜데 다른 선생님께 부탁해 보시겠어요? 도움 드리지 못해 죄송해요."

아이들을 위해 하고 싶은 일을 생각했으면 그대로 하세요. 활동 중심 수업을 준비했으면 준비한 대로 해보세요. 좋은 수업 놀이를 발견했으면 꼭 활용하세요. 고민을 거듭한 끝에 수업 자료를 만들었다면 숨기지 마세요. 다만, 학년의 모든 선생님과 자료를 공유해 보세요. 선생님이 먼저 자료를 공유하면, 다른 분들도 하나둘씩 나누기에 참여할 것입니다. 학년 협의에서 수업 나눔 이야기가 늘어날 것이고, 선생님은 진정한 교사공동체를 볼 수 있을 것입니다.

사람이면 누구나 조직 안에서 생활하고, 인간관계를 형성합니다. 인간관계는 언제나 성공적일 수 없어 크고 작은 갈등이 존재할 수밖에 없습니다. 경험이 쌓여감에 따라 본인만의 교육적 소신과 철학을 가진 교사들이 모인 학교에서는 더 그렇습니다. '내가 어떻게 해도 관계는 변하지 않을 거야'

라는 생각에 보고 있으면 불편한 동료지만 감정을 숨기고 문제없는 것처럼 위장하기도 합니다. 저경력 교사일수록 그러한 성향이 더 강합니다.

갈등 상황으로부터 발생한 부정적 감정을 적절히 해소하지 못하면 학교에 출근하는 선생님의 발걸음이 무거울 것입니다. 불편한 마음으로 시작한 하루는 긴장의 연속입니다. 우리 아이들에게 무엇을 어떻게 가르쳐야 좋을지 고민해야 할 에너지를 불편한 교사 관계에 소비해야 합니다. 선생님이 즐겁지 않은 기분은 아이들에게도 전이됩니다. 그래서 갈등은 적극적이든 소극적이든 해결해야 합니다. 선생님이 불편하다면 선생님이 먼저 마음을 열어 이야기를 꺼내 보는 것이 어떨까요?

후배 선생님이 들려주는 교실 이야기

제 옆 반 선생님은 마음이 따뜻한 선생님입니다. 푸근한 엄마의 인상으로 아이들을 따뜻하게 감싸주세요. 언제나 맛있는 간식을 준비해 동료 교사들을 챙겨요. 작년에 발령받아서 모르는 것이 많은 제게 수업 준비하는 것이며 학부모 상담하는 것들을 잘 알려 주셨어요. 수업 끝나고 힘들면 선생님을 찾아가 넋두리를 늘어놓기도 했습니다.

그런데 어느 순간 이 모든 것이 불편해졌어요. 그 선생님이 우리 교실에 오시는 것이 싫어졌어요. 복도 멀리에서 선생님이 보이면 재빨리 교실로 들어가요. 저도 선생님인데 저를 마치 학생처럼 대하듯 하니까 아이들 앞에서 민망할 때가 많아요. 제 이름 뒤에 호칭이라도 붙여줬으면 좋겠는데, 그냥 이름을 부르니까 한 아이가 '선생님이 저 선생님 부하예요?'라고 말해요. 아이들도 불편한가 봐요.

용기를 내서 커피 한 잔 들고 선생님을 찾아갔어요. 내내 들었던 불편한 마음을 얘기했어요. 선생님은 조용히 들으시더니 제 손을 잡으며 미안하다고 하셨어요. 편한 마음에 자기도 모르게 실수했다고 하셨어요. 다음 날 저희 반 교실에 일부러 와서 아이들 앞에서 제게 존댓말을 써 주시네요. 물론 아이들이 없을 때는 이전처럼 편하게 대해주십니다. 이럴 줄 알았으면 좀 더 빨리 용기 낼 걸 그랬습니다.

교장 선생님,
어렵지 않아요

Q 저는 교장 선생님 앞에만 서면 긴장해요. 저를 보고 환하게 웃으셔도 그분 앞에서는 말을 더듬어요. 저를 불편하게 하는 것도 아닌데 왜 그럴까요?

저는 초임 교사부터 지금까지 현재 우리 학교 교장 선생님을 세 번 만났습니다. 저경력 교사였을 때 동료 교사로 처음 만났습니다. 이후 제가 근무하는 학교의 교감 선생님이 되어 오셨습니다. 시간이 더 지나서는 다른 학교에서 교장 선생님으로 만났습니다. 시간이 지나도 저는 계속 교사였지만, 교장 선생님의 모습은 세 번 바뀌었습니다.

동료 교사로 시작했던 교장 선생님이라 여전히 친하지만, 약간의 거리감이 생긴 것도 사실입니다. 동료 교사였을 때는 어려운 점이 생기면 찾아가는 선배 선생님이었지만, 요즘은 교장실 문턱을 쉽게 넘지 못합니다. 이전과 다르지 않게 편안하게 대해주시는데 왜 그럴까요?

그 문제의 답을 찾기 위해 교장 선생님을 찾아가 물었습니다.

"요즘에는 교장 선생님과의 관계가 예전과 같지 않아요. 왜 그럴까요?"

"우리가 하는 역할에 변화가 생겼으니 우리의 관계는 당연히 달라져야 하지 않겠어? 예전에는 옆 반 선생님이었고 친한 동료 교사였다면, 지금은 관리자라는 것이 더해졌으니까."

"관리자가 더해진 관계는 이전과 어떤 차이가 있나요?"

"난 여전히 좋은 동료 교사이고 싶어. 교사 연구실에서 선생님들과 아이들 이야기, 수업 이야기하면서 커피도 마시고 싶지. 하지만 관리자로서는 그럴 수 없어. 관리자는 선생님뿐만 아니라 학생, 학부모와 함께 학교 전체를 봐야 하니까. 때로는 선생님들이 내키지 않는 일도 해야 할 때도 있고, 서운한 말도 해야 해."

"더 자세히 얘기해 주세요."

"며칠 전 어떤 선생님이 넘어져서 팔을 다쳤다고 병가를 신청하셨어. 동료 교사였다면 '팔이 불편하면 나을 때까지 쉬셔야지요. 학급 일은 걱정하지 말고'라고 얘기하겠지. 하지만 관리자 입장에서는 '팔을 다쳐서 수업하기 힘드신가요? 일찍 퇴근해도 괜찮으니 출근하실 수 없나요?'라고 말해. 담임 선생님이 병가로 빠지면 그 반 아이들은 담임 선생님 없이 지내야 하니까. 관리자로서 그 선생님이 출근했으면 좋겠어. 선배 교사였지만 이제는 선배 교사로만 볼 수 없지. 이것은 복무에 관한 내용이지만 학교 업무를 보는 시선에도 차이가 있어."

이렇듯 교장 선생님과 선생님은 같은 '선생님'이지만 입장이 다릅니다. 역할이 다르기 때문입니다. 그 차이만큼 고민해야 하는 범위가 다르겠지요. 초·중등교육법 제20조 1항에서는 '교장은 교무를 통괄하고, 소속 교직원을 지도· 감독하며 학생을 교육한다'고 교장 선생님의 역할을 규정하고 있습니다. 교장 선생님에게는 학교 교육과정, 교직원의 인사, 재정과 시설의 관리에서부터 학교 구성원의 평가 권한까지 있습니다. 경력이 많은 선생님도 때때로 교장 선생님이 부담스러울 수 있습니다. 경력이 적은 선생님들이 느끼는 부담은 더 클 것입니다.

사실 부담스러운 것은 교장 선생님도 마찬가지입니다. 이전에는 옆 교실에서 같이 근무하던 동료 교사였습니다. 교사에서 교감 그리고 교장으로 역할이 바뀌었지만, 누구보다 선생님들의 어려움과 고민을 잘 알고 있습니다. 그렇기에 교장 선생님은 선생님들이 무언가를 요구할 때 충분히 공감하고 수용하고 싶습니다. 하지만 학교라는 전체적인 틀에서 무리하다고 생각될 때는 단호합니다. 교장 선생님도 마음이 편하지 않을 것입니다.

교장 선생님은 '온화함'과 '단호함'을 동시에 지니고 있습니다. 그 '온화함'이 따뜻한 선배 교사로서의 입장이라면 '단호함'은 학교 관리자로서의 모습입니다. 이러한 이중적인 모습이 교사와 선생님에게 멀어지게 할 수도 가깝게 할 수도 있을 것입니다. 교장 선생님과 선생님의 관계가 편안해지려면 어느 한쪽의 노력으로는 불가능합니다. 교장 선생님의 '단호함'이 관리자로서 역할이라고 이해한다면 조금 더 가까워질 수 있습니다.

마냥 불편하다고 피하기보다 우리가 먼저 교장 선생님께 다가가도 좋을 것입니다. 교장 선생님이 원하는 모습으로 선생님을 변화시키라는 말이 아닙니다. 교육자로서 선생님이 나아갈 방향과 관리자가 원하는 선생님의 이상향이 같은 모습일 수 있습니다. '선생님들이 어떤 모습을 가졌으면 좋겠나요?'라고 몇 분 교장 선생님께 질문해 봤습니다. 그 속에서 몇 가지 공통점을 발견할 수 있었습니다.

첫째 협력하는 선생님입니다. 교육의 질은 교사의 질을 넘어설 수 없다고 합니다. 요즘은 한 단계 더 나아가 교사의 질은 협력의 질을 넘어설 수 없다고 해요. 교사 개인의 노력과 뛰어남도 중요하지만 그런 교사들의 집단지성이 교육 현장에서는 더 필요할 때가 많습니다. 선생님들의 역할이 과거의 지식 전달에서 머무를 수 없기 때문입니다. 동학년 선생님은 같은 학년에서 근무하는 것을 넘어서 같은 주제로 교육과정을 만들고, 같이 실천하며 함께 성장해야 합니다.

둘째 배움에 도전하는 선생님입니다. 선생님은 가르치는 사람이지만 끊임없이 학습하는 사람이기도 합니다. 선생님이 배우는 만큼 아이들은 더 성장할 수 있습니다. 선생님의 도전은 끊임없어야 합니다. 새로운 비디오 공유 플랫폼인 숏츠(shorts)를 배워 아이들과 함께하는 선생님이 늘고 있습니다. 에듀테크를 활용해서 아이들이 스스로 도전하는 수업을 시도하는 선생님도 있습니다. 새로운 도전으로 시대에 민감하게 반응하는 선생님이 필요한 때입니다.

셋째, 관계를 소중히 여기는 선생님입니다. 아침이면 교무실이나 연구실에서 서로 즐거운 이야기 나누며 하루를 시작하는 선생님들이 있습니다. 복도에서 마주치면 누구보다 반갑게 인사하는 선생님들이 있습니다. 학교에서 근무하는 직원들에게 친절한 선생님들이 있습니다. '안녕하세요'라는 한마디 말이 선생님 주변을 밝게 만들어 줍니다.

표현의 차이는 있었지만, 교장 선생님들께서는 동료들과 함께하는 선생님들의 모습을 좋게 생각했습니다. 그러면서 그 속에 자신들도 함께하길 바랐습니다. 교장 선생님은 여전히 선생님이 교장실 문을 열고 들어오길 기다립니다. 어려운 문제를 가지고 오면 같이 고민해 줄 것이고, 아이들의 즐거운 일상을 전하면 아이들과 함께하는 선생님을 부러워할 것입니다. 업무를 처리할 때가 아니면 관리자가 아닌 따뜻한 선배 선생님이고 싶다고 합니다.

　선생님, 선생님이 교장실 문을 두드리는 것이 어려울까요? 아니면 교장 선생님이 선생님 교실 문을 두드리는 것이 어려울까요? 저는 후자라고 생각합니다. 선생님이 먼저 다가가 보세요. 교장 선생님이 보이면 환한 얼굴로 인사하고, 안부를 물어보세요.

　"교장 선생님, 점심식사 맛있게 드셨어요?"

　다음에는 교장 선생님이 더 선생님의 가까이 있을 것입니다.

후배 선생님이 들려주는 교실 이야기

교장 선생님을 제가 근무하는 곳에서 가장 높은 분이라고만 생각했습니다. 업무 결재를 올리면 어떻게 생각하실까 조마조마했습니다. 환한 얼굴로 웃고 계셔도 옆에 있으면 괜히 떨렸습니다. 지금까지 교장 선생님이 선배 선생님이라는 사실을 생각하지 못했습니다.

요즘에는 교장 선생님과 가까워지려고 노력 중입니다. 학교에서 마주치면 반갑게 인사합니다. 안부를 묻고 일상적인 대화를 편하게 하기까지는 시간이 더 필요하지만, 제 마음속에서 불편함을 하나씩 내려놓으려고 합니다.

5부

^부

그리고
남은 이야기

수업과 생활지도 이외에도
선생님이 해야 할 일들이 있습니다.
아이가 다쳤을 때도 신속히 대응해야 합니다.
업무를 추진하기 위해 공문을 작성하고,
때에 따라서는 안전공제회에
사건 접수도 해야 합니다.

공문 작성,
어렵지 않아요

Q

제가 작성한 공문을 관리자가 결재하고, 교육지원청에 발송해야 하는데 원칙에
맞지 않는 공문을 보내게 될까 봐 걱정입니다. 공문을 작성하는 원칙을 알려주세요.

저는 초임교사였을 때 생활지도와 학생 자치 업무를 배정받았습니다. 3월
2일 학교에 가니 나이 지긋한 교무 선생님은 처음 만난 저에게 무거운 얼굴
로 말했습니다.

"다음 주에 전교 어린이 회장단을 구성해야 해. 여기 작년 공문 있으니
까 참고해서 빨리 공문 작성해서 업무 시작하지."

출근 첫날 긴장감에 떨리기도 전에 책 한 권 분량의 공문을 읽고 새 공
문을 작성했습니다.

공문 작성 원칙이 있는지도 몰랐습니다. 작년 내용과 크게 다르지 않다
는 말에, 무슨 말인지도 모를 단어도 그대로 사용하고, 띄어쓰기도 그대로
옮겼습니다. 15년이 지난 지금도 신규 교사였던 그 해, 첫 주에 14개의 공
문을 작성했던 기억이 아직도 강하게 남아 있습니다. 그때까지 제가 써 왔

던 글과는 다른 무거운 느낌의 공문을 처음 접한 날이었습니다. 숙제 검사를 받는 기분이었습니다.

공문은 '공공기관에서 업무를 진행하기 위해 담당자가 공식적으로 작성하는 문서'를 말합니다. 공식적인 문서인 공문에는 당연히 지켜야 할 원칙이 있습니다. 어떤 곳은 띄어쓰기를 두 칸 해야 하는데, 어떤 곳은 하지 않습니다. 하위 항목의 순서도 그 형식이 정해져 있습니다. '띄어쓰기를 한 칸 하는 것과 두 칸 하는 것이 무슨 의미가 있지?'라고 생각할 수 있습니다. 별로 중요해 보이지 않을 수 있습니다. 하지만 왜 원칙이 필요한지 생각해 보면 다음 공문을 작성할 때 이전보다 더 신중히 작성할 것입니다.

선생님이 공문을 작성하면 보통 교감 선생님이 검토하고 교장 선생님이 결재합니다. 선생님은 하루에 한 건 또는 두세 건의 공문을 작성하거나 접수합니다. 하지만 관리자는 다릅니다. 외부 기관에서 발송한 공문과 선생님들이 작성한 공문, 행정실에서 올라오는 공문까지 합하면 하루 100건 이상일 것입니다. 관리자는 그것들을 확인하고 결재해야 합니다.

관리자는 자신이 책임져야 하는 문서라면, 아무리 그 수가 많아도 꼼꼼하게 확인할 수밖에 없습니다. 공문이 작성 원칙에 의해 깔끔하게 정리되어 있으면 관리자는 겉 공문만 봐도 내용 파악이 쉬울 것입니다. 이것이 공문 작성 원칙이 있어야 하는 이유라고 생각합니다.

지금부터 공문 작성 원칙에 대해 말씀드리겠습니다. 공문을 작성하는 방법은 시도 교육청과 기관마다 차이가 있을 수 있습니다. 저는 제가 현재 근무하고 있는 지역에서 사용하고 있는 공문을 예로 설명하겠습니다.

① 공문 항목의 순서는 1, 2, 3 가, 나, 다 1), 2), 3) 가) 나) 다) ① ② ③ ㉮
㉯ ㉰입니다. 하위 항목으로 내려갈수록 두 칸씩 들여쓰기합니다.

　1.

　ＶＶ가.

　ＶＶＶＶ1)

　ＶＶＶＶＶＶ가)

② 현재 작성하고 있는 공문의 원인이나 근거가 되는 관련 공문을 맨 처음
에 씁니다. 관련 공문이 두 개일 때는 가, 나로 줄을 구분하여 두 칸 들
여 씁니다. 콤마(,)를 이용해 옆으로 나란히 쓸 수도 있습니다.

　관련

　ＶＶ가. 교육지원과-1234(2022.10.11.)

　ＶＶ나. 교육혁신과-1256(2022.11.1)

　1. 관련: 교육지원과-1234(2022.10.11.), 교육혁신과-1256(2022.11.1)

③ 다음에는 본문의 내용을 설명하는 문장을 씁니다.

> 2. 위 호와 관련하여 2022학년도 배움과 성장을 위한 독서 모임을 다음과 같이　실시하고자 합니다.

　문장이 2줄 이상일 경우 보통 첫 줄의 첫 글자에 맞추는 것이 깔끔합니다. (첫 줄 첫 글자 앞에서 Shift+tab 키를 눌러 자동 줄 맞추기) 다음 줄로 넘어가는 글자가 많지 않은 경우 글자 간격을 줄여 한 줄로 만드는 것도 좋습니다. (Shift+Alt+N)

④ 날짜는 년, 월, 일 순서로 쓰고 년, 월, 일을 한글로 쓰지 않고 마침 점으로 구분합니다. 한 자리 숫자일 때 01, 02로 하지 않고 1, 2로 씁니다. 날짜 뒤에 괄호 속에 요일을 넣어주는 것이 좋습니다. 시간은 24시간으로 쓰며 중간에 물결표(~)를 넣어 시간이나 날짜 경과를 표시합니다.

> ∨∨가. 날짜: 2022. 10. 9.(수)
> ∨∨나. 일시: 2022. 10. 9.(수) 15:00~16:30

⑤ 본문이 금액이 들어가는 경우에는 중간에 띄어쓰기를 하지 않습니다. 숫자는 세 자리마다 콤마(,)를 찍습니다.

> ∨∨∨∨2) 예상금액: 금289,700원(금이십팔만구천칠백원)

⑥ 공문의 마지막에 '끝'이라는 말을 씁니다. 본문 마지막 글자 뒤에 마침표를 쓰고 두 칸 띄운 후 끝이라는 말과 마침표를 씁니다. 만약 붙임 파일이 있는 경우 붙임 파일명 다음에 쓰면 됩니다.

> ∨∨∨∨2) 예상금액: 금289,700원(금이십팔만구천칠백원).∨∨끝.

붙임 2022학년도 배움과 성장을 위한 독서모임 운영계획 1부.∨∨끝.

⑦ 붙임 파일은 본문 내용에서 한 줄 띄어서 씁니다. 본문과는 다르게 보통 붙임 다음에 콜론(:)을 쓰지 않습니다. 붙임 파일이 두 개인 경우 줄을 바꿔서 씁니다.

붙임 1. 2022학년도 배움과 성장을 위한 독서모임 운영계획 1부.
     2. 2022학년도 배움과 성장을 위한 독서모임 분임 구성 1부.∨∨끝.

지금까지 소개한 7가지 원칙을 지킨다면 깔끔한 공문을 쓸 수 있습니다. 선생님이 공문 작성 원칙에 익숙해진다면 지금의 걱정은 완전히 사라질 것입니다. 원칙에 따라 작성된 공문을 옆에 두고, 참고하면서 공문을 작성해 보세요.

아뿔사! 공문을 작성할 때 중요한 일 한 가지를 빠트렸습니다. 학교에서 일어나는 일의 책임은 교장 선생님께 있습니다. 교장 선생님은 학교에서 아이들과 선생님이 무엇을 하고 있는지 알아야 합니다. 공문을 작성하기 전에 일의 진행 상황을 교장 선생님께 말씀드려 보세요. 그 일에 대한 교장 선생님께 조언을 구해보세요. 교장 선생님은 그 과정에서 업무가 어떻게 진행되는지 파악하실 것입니다. 그러면 선생님이 결재를 해달라고 올린 공문이 어떤 것인지 금방 알아보실 것입니다.

❗ 후배 선생님이 들려주는 교실 이야기

공문을 작성해서 결재를 올리면 가끔 교감 선생님께서 수정해주신 이력을 볼 때가 있습니다. '글자가 틀린 것도 아니고, 내용이 문제가 있는 것도 아닌데 왜 그러실까?'생각한 적이 있어요. 그 이후 교육청에서 온 공문이나, 선배 선생님의 공문을 출력해서 옆에 두고 참고하면서 공문을 작성했습니다.

선생님의 이야기를 들으니 공문의 내용과 더불어 형식도 꼭 필요하다는 생각이 들었습니다. 평소에는 생각 없이 지나치던 '날짜'와 '일시'의 의미도 정확히 알게 되었어요. 돈을 쓰는 정확한 방법도 알게 되었습니다. 선생님의 예시 공문을 참고하면서 공문을 작성하면 나중에는 혼자서도 잘할 수 있을 것 같아요.

공문 작성 전에 교장 선생님을 찾아가서 의견을 여쭤봤어요. 물론 기본적인 내용은 다 작성한 다음에요. 교장 선생님께서 기분 좋아하시며 오히려 제 생각이 좋다고 말씀해주셨습니다. 평소 어렵게만 느껴졌던 교장 선생님과 공문 하나로 가까워진 것 같아요.

K-에듀파인 예산 기안,
두 번째부터는 쉬워요

Q 올해 제가 맡은 업무에 예산이 배정되어 있어요. K-에듀파인으로 기안해 물품을 구입해야 하는데 어떻게 하는지 잘 모르겠어요. 쉽게 설명해 주세요.

선생님, 처음이라 그렇습니다. 선생님이 어렵다고 느끼는 이유는 예산이라는 단어가 주는 무거움 때문일 것입니다. '품의', '원인행위', '목적경비' 등 이해하기 힘든 용어들이 많아서 복잡해 보일 것입니다. 선생님이 주로 하는 일인 수업, 평가, 학생 지도에서는 나오지 않는 말들이니까요. 그러나 학생 교육 활동을 지원하는 학교의 행정업무도 꼭 해야 하는 일입니다. 행정업무에는 예산을 사용해야 하는 일이 많습니다. K-에듀파인 학교회계에서 품의 기안하는 방법을 순서대로 배우면 어렵지 않습니다.

K-에듀파인의 첫 화면은 공문을 작성하고 처리하는 업무관리 중심으로 메뉴가 구성되어 있습니다. 업무관리 메뉴의 '+'를 클릭하면 '-'로 변하면서 숨겨진 창(업무관리, 지식관리, 학교회계, 서비스 공통)이 나옵니다. 그중 학교회계를 클릭하면 오른쪽 메뉴가 문서관리 - 메모관리 - 과제관리 - 업무인계인수 - 업무지원 - 내부메일 - 기능분류 - 자료집계에서 사업관리 - 예산관리 - 보

조금관리 - 수입관리 - 지출관리 - 계약관리로 변합니다. 예산 품의는 사업관리 - 사업담당 - 품의 등록에서 할 수 있습니다.

지금부터 제가 품의 했던 공문을 예로 들어 과정을 차례대로 말씀드리겠습니다.

첫째, 품의 제목을 작성합니다. 제목은 어떤 업무나 행사에서 어떤 물건을 구입하는지 알 수 있도록 작성합니다. 물품이 한두 가지인 경우 제목에 물품을 나타내는 것이 좋지만 여러 가지인 경우 '운영 물품 구입'과 같은 포괄적인 표현을 써도 괜찮습니다.

● 학년 특색 활동 '보글보글 글쓰기 교실'을 위한 원고지 노트 구입

● 4학년 특색 활동 '보글보글 글쓰기 교실 '공개수업 운영 물품 구입

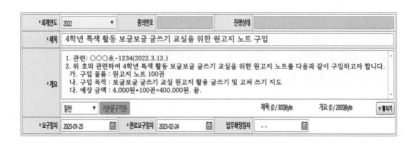

둘째, 개요를 작성합니다. 개요는 예산을 왜 사용하는지, 어떻게 사용하는지 설명하는 부분입니다. 결재하시는 분들이 그 내용을 보고 선생님이 어떤 일을 계획하는지 파악할 수 있도록 관련 공문, 일시, 대상, 장소, 운영 방법 등을 자세하게 적는 것이 좋습니다. 업무관리의 공문 작성 요령과 같으니 참고하세요. 다만, 개요의 필요 물품과 예상금액은 아래에서 작성할 '품목 내역'과 일치하도록 주의해서 적어야 합니다. 요구 일자는 보통 작성하는 날을 기준으로 자동 입력되니 신경 쓰지 않아도 됩니다.

셋째, 예산을 선택합니다. 예산내역 옆의 예산 선택 탭을 클릭하면 선생님 앞으로 배정된 예산 목록이 팝업창에 보입니다. 현재 작성 중인 품의와 관련된 예산을 선택하면 자동으로 입력됩니다. 예산을 선택할 때 세부 항목을 잘 살펴야 합니다. 만약 물품 예상금액이 예산 잔액을 초과한다면 꼭

행정실 예산담당 선생님과 상의해야 합니다.

넷째, 품의 내역에 선생님이 구입하려는 물품을 적습니다. 오른쪽 상단에 있는 '행추가 +'를 누르면 품명을 적을 수 있는 공간이 생깁니다. 내용, 규격, 수량, 예상 단가를 적으면 예상금액은 자동 계산됩니다. 물품 종류만큼 행을 추가합니다. 품의 내역을 작성하면 예산 선택에서 예산 요구 금액이 자동으로 입력됩니다. 이때 선생님이 꼭 알아야 할 사항이 있습니다.

- 가격을 정확히 모를 경우, 예산 범위 안에서 약간 넉넉한 금액으로 품의하세요. 실제 물품을 구입할 때 품의 한 예산을 초과할 경우 다시 품의해야 합니다.
- 인터넷 쇼핑몰을 이용하는 경우 배송비도 꼭 품의하세요.

물품 종류가 많은 경우 엑셀 파일로 일괄 업로드하는 방법도 있습니다. 품목 내역 옆의 [파일↑]를 누르면 엑셀 업로드 팝업창이 올라옵니다. 엑셀 서식을 내려받아 작성 후 업로드할 수 있습니다.

다섯째, 문서관리 카드를 작성합니다. 예산 품의를 모두 마치고 저장하면 결재 요청 버튼이 활성화됩니다. 결재 요청 버튼을 누르면 문서관리 카드가 팝업으로 나타납니다. 나머지는 일반 공문과 같은 방법으로 진행하면 됩니다. 다만, 결재 라인을 지정할 때 선생님 학교에서 어떻게 하는지 꼭 확인해야 합니다.

제가 있는 학교에서는 품의 최종 금액이 30만 원 미만이면 교감 선생님이 최종 결재자입니다. 지역에 따라 10만 원인 곳도 있는 것 같습니다. 또

한 예산 품의 공문의 경우 예산 관리 주체인 행정 실장님을 결재라인에 추가하는데, 저희 학교는 병렬 협조로 교감 선생님 앞에 지정합니다.

여섯째, 결재가 완료되면 물품을 구입합니다. 행정실 예산 담당 선생님이 학교와 거래하는 지역업체에서 물건을 구입해 주기도 합니다. 선생님이 원하는 구입처를 직접 찾아가 학교 카드로 구매할 수도 있습니다. 인터넷 쇼핑몰에서 구입할 때는 해당 사이트의 장바구니에 물품을 담아, 행정실 예산 담당 선생님께 말씀드리면 됩니다. 학교에서 회원으로 가입하지 않은 인터넷 쇼핑몰은 선생님의 개인 아이디로 결제가 가능합니다.

예산 기안을 품의 결재를 올렸는데, 수정할 일이 생길 수도 있습니다. 선생님이 올린 품의가 결재 요청 상태라면 학교 회계 탭에서는 수정이 불가능합니다. 이럴 때 업무관리 탭으로 들어가서 일반 문서와 마찬가지로 문서를 회수하고 다시 처리해야 합니다. 결재 라인이나 과제 카드에 문제가 있다면 업무관리 - 문서 - 결재 진행에서 선생님이 올린 문서를 회수하고, 재작성을 누르면 내용 수정 없이 변경하여 다시 결재를 올릴 수 있습니다. 삭제/연계 반송을 누르면 학교회계-사업관리-품의목록에서 선생님이 올린 품의 내용을 수정할 수 있습니다. 결재 완료가 되었다면 취소 기안을 올리고, 처음부터 다시 시작하면 됩니다.

참, K-에듀파인에서 물품 품의 방법만큼 선생님이 알아야 할 더 중요한 것이 있습니다. 저는 결재를 올리기 전 교감 선생님과 교장 선생님을 찾아, 예산 사용 목적이나 방법에 대해 말씀드립니다. 그분들이 결재해 주셔야 예산 사용이 가능하니까요.

"저희 학년 특색 사업 보글보글 글쓰기 교실에서 아이들에게 원고지 사용법을 가르치려고 합니다. 꾸준히 지도하려면 원고지보다 원고지 노트가 좋을 것 같아서 검색해 봤더니, 400자 원고지 노트를 한 권에 4000원 정도면 살 수 있다고 합니다. 학년별 테마체험학습 예산을 사용해서 구입해도 될까요?"

교감, 교장 선생님께 허락받으면 행정실 예산 담당 선생님과 어떤 방법으로 물건을 구입할지 상의합니다. 이렇게 사전 작업이 끝나면 K-에듀파인으로 품의를 시작합니다.

선생님, 누구나 처음은 어렵습니다. 처음이니까 어렵습니다. 한두 번 하다 보면 선생님도 능숙하게 품의할 수 있습니다.

! 후배 선생님이 들려주는 교실 이야기

작년 업무는 예산 사용할 일이 없었는데 올해는 그렇지 않아서 업무를 처음 배정받았을 때부터 마음이 무거웠어요. 예산 품의는 돈과 관련된 일이라 일반 공문 기안보다 더 복잡해 보였고, 잘못하면 큰일이 날 것만 같았거든요. K-에듀파인에 접속하니 어려운 말들이 너무 많아서 더 혼란스러웠어요.

선생님이 알려준 방법대로 예산 활용 계획을 간단히 작성해서 교감 선생님을 찾아갔어요. 경험이 많으신 교감 선생님께서 더 좋은 물건을 추천해 주셨어요. 교장 선생님도 흔쾌히 허락해 주셨어요. 행정실 선생님은 인터넷보다 학교 주변 지역업체에서 물건을 구매할 수 있는 방법을 알려주셨어요.

K-에듀파인은 생각보다 쉬웠어요. 필요한 부분만 천천히 알아가면 되니까요. 제목을 쓰고, 개요 작성하고, 예산 선택하고, 물품 내역 작성해서 결재를 올렸어요. 사전에 말씀드린 내용이라 그런지 교장 선생님도 바로 결재해 주십니다. 이제 학교 카드를 가지고 물건을 사러 갈 일만 남았습니다. 행정실 선생님 부탁대로 영수증을 잘 챙기는 일만 남았습니다.

안전사고,
너무 걱정하지 말아요

Q 어제 저희 반 아이가 넘어져서 입술이 터져 피가 많이 났어요. 보건실에 데리고 가서 살펴봤는데 입술은 부었지만, 치아는 괜찮아서 다행이었어요. 다쳐서 우는 아이와 주변을 둘러싼 아이들 때문에, 정신이 하나도 없었어요. 아이가 다쳤을 때 어떻게 해야 하나요?

교실은 아이들에게 안전한 공간인데도 종종 안전사고가 발생합니다. 아이들은 쉬는 시간이 되면 고삐 풀린 망아지처럼 뛰고, 밀칩니다. 복도에 나가면, 앞서서 걷는 아이들 사이를 아슬아슬하게 피해 달리는 아이들이 보입니다. 단순히 화장실을 가는데도 천천히 걸어갈 생각이 없습니다. 무언가를 말하며 멀리서 헐레벌떡 뛰어오는 아이를 보면 무슨 일이 일어났음을 직감할 수 있습니다.

"선생님, 큰일 났어요. 지훈이가 넘어졌어요. 무릎에서 피가 나 보건실에 갔어요."

안전사고는 아이들의 성향 때문에 발생하는 경우가 많습니다. 아무리 주의하고, 조심하더라도 예상하지 못한 순간에 일어납니다. 선생님이 잘못해서 일어나는 것이 아닙니다. 안전사고를 발생시키는 아이들의 성향을 정리해 봤습니다.

먼저 아이들은 쉴 새 없이 몸을 움직입니다. 놀이터에 놀러 나간 아이 모르게 만보기를 채운 뒤 2시간 후 확인했더니 27,000보가 찍혀 있다는 이야기를 들은 적이 있습니다. 짧은 시간에 부지런히 움직이니 위험 요소도 많습니다. 할 수 있을 것 같은 움직임이 생각대로 되지 않는 경우가 많습니다. 뜻대로 되지 않으니 할 수 있을 때까지 무모한 도전을 계속합니다. 여기저기 부딪히고 넘어집니다.

아이들은 사회성이 발달하면서 경쟁심도 함께 발달합니다. 경쟁심은 무모한 행동도 감행하게 만듭니다. '너는 이거 할 수 없지?'라는 말에 아이들은 자극받습니다. 달리기만 해도 좋았던 놀이가 어느새 순위를 가리는 시합이 됩니다. 자기를 바라보는 친구들의 시선도, 같이 달리고 있는 친구와의 거리도 신경 쓰입니다. 몸에 힘이 잔뜩 들어가고 속도가 빨라지니, 다리가 꼬여 넘어질 때 생각보다 심하게 다칩니다.

아이들에게는 관심 있는 한 가지 것에 집중한 나머지, 주변 위험을 생각하지 않는 집중화 경향이 있습니다. 호기심을 자극하는 물건이 앞에 있으면 보는 것에 그치지 않고, 만져봐야 합니다. 돌멩이가 눈에 보이면 발로 차거나, 던져봐야 직성이 풀립니다. 달리기를 운동장에서 해야 한다는 생각을 하지 않습니다. 중간에 기둥이 있는 장소든, 시멘트 바닥이든, 친구들이 걷고 있는 복도든 신경 쓰지 않습니다.

이러한 아이들이 모인 곳이 좁은 교실입니다. 조금만 부주의해도 사고가 날 수 있습니다. 학교안전공제회의 분석에 따르면, 아직 신체적으로 덜 발달한 초등학교 저학년 아이들에게 가장 많이 발생한 안전사고는 열상(찢어짐)으로 나타났습니다. 조금만 움직여도 뛰는 저학년 아이들의 무릎이나 손바닥이 성할 날이 없습니다. 이에 비해 신체 성장으로 활동성이 증가한 고학년 아이들은 골절의 빈도가 높다고 합니다. 몸이 커진 만큼 힘과 움직임이 커지니 어릴 때보다 심하게 다칩니다.

수업 시간에도 안전사고는 발생합니다. 과학 시간에는 불이나 뜨거운 물, 화학 약품에 피부나 조직이 손상되는 화상 사고가 발생할 수 있습니다. 유리로 된 실험 기구가 파손되는 순간 찔리거나 베일 수 있습니다. 미술 시간에 사용하는 가위와 칼도 조심하지 않으면 아이의 손에 상처를 냅니다. 연필이나 샤프를 들고 몸을 돌려 친구를 보는 순간도 조심해야 합니다. 체육 시간은 따로 말하지 않아도 잘 알고 있으리라 생각합니다.

안전사고는 예방도 중요하지만, 사고 발생 시 선생님이 얼마나 신속하고 정확히 대처하는가는 더 중요합니다. 선생님의 적절한 대처하면 아이의 몸에 흉터가 줄일 수 있고, 깨진 영구치를 다시 붙일 수도 있습니다. 사고의 상처로 심한 아픔을 느끼는 아이들의 통증을 줄일 수도 있습니다. 때에 따라서는 아이들의 생명을 구할 수도 있습니다.

첫째, 상황 파악하기 및 주변 아이들 돌보기

아이가 다친 부위를 보고 염좌인지 열상인지 골절상인지 파악해야 합니다. 단순한 열상으로 피부에만 상처가 있다면 아이를 데리고 보건실에 갈 수 있지만, 뼈나 인대에 문제가 생겼거나 상처가 심각하면 한 아이를 지명해 보건 선생님을 모셔와야 합니다. 섣부른 이동이 아이의 상처를 더 심각하게 만들 수 있습니다. 만약 치아가 파손되었다면 신속하게 주변을 정리하고 찾아야 합니다.

아이의 치료가 보건실에서 가능하면 괜찮지만, 병원으로 이송하는 경우 교실에 남아있는 아이들에게 간단하게 상황을 설명하고 안심시켜줘야 합니다. 친구의 사고를 본 아이들은 불안해합니다. 사고 주변에서 다친 장면이나 상처를 직접 목격했거나 피를 보고 힘들어하는 아이가 있으면 더 세심하게 살펴야 합니다. 다친 아이를 살피러 교실을 비울 때 옆 반 선생님께 남은 아이들을 부탁해야 합니다.

둘째, 보건 선생님의 응급처치 및 학부모 연락하기

보건 선생님이 판단할 때 응급상황이 아니고, 간단한 처치만으로 아이의 상태가 안정되었다면 참 다행입니다. 교실에 돌아와서도 계속 아이의 상태를 관찰해야 합니다. 쉬는 시간마다 아이의 상처를 보고, 아픈 정도를 물어봅니다. 아이가 다쳤을 때 학부모에게 전화는 필수입니다. 아이가 다친 상황, 응급처치 과정, 보건 선생님의 판단, 현재 상처의 상태 및 조치 등을 설명합니다.

> "어머니, 정현이가 체육 시간에 공을 잡다가 친구와 오른쪽 가운뎃손가락을 다쳤어요. (다친 상황 설명) 보건 선생님께서 정현이가 지금 움직이는 것과 통증을 봐서 뼈나 인대는 괜찮다고 해요. (응급처치 과정 및 보건 선생님 판단) 혹시 저녁에 심하게 붓거나 멍들면 병원에 다녀오는 것이 좋다고 하셨습니다. 집에 갈 때까지 계속 냉찜질하겠습니다. (현재 상처의 상태 및 조치)"

보건 선생님이 응급처치를 했지만, 병원에서 아이의 상태를 정밀하게 확인해야 하는 경우가 있습니다. 만약 응급상황이 아니라면 학부모에게 연락해서 부모님이 직접 아이를 병원으로 데리고 가도록 합니다. 이때에도 학부모가 오해하지 않도록 학교로 오신 부모님을 직접 만나 상황을 간단히 설명해야 합니다. 아이가 병원에 다녀왔을 때쯤 아이의 상태를 전화로 꼭 확인하길 바랍니다.

셋째, 선생님이 직접 아이를 데리고 병원 진료받기

아이의 상태가 급하게 병원 진료가 필요한 상황인데 학부모가 바로 올 수 없다면 선생님이 아이와 함께 병원에 가야 합니다. 이때는 교감, 교장 선생님께 현재 아이의 상태, 학부모와 소통 내용 등 사고 발생과 진행 상황을 알려야 합니다. 학교에서 발생하는 모든 안전사고의 책임자이므로 아무리 당황해도 보고를 빠뜨려서는 안 됩니다. 병원 방문으로 근무지 내 출장을 신청해야 하는데, 응급상황에는 사후 결재가 가능합니다.

병원으로 가기 전에 학부모와 통화에서 꼭 확인해야 할 것이 있습니다. 학부모가 지정하는 병원으로 갈 것인지, 근처 가까운 병원으로 갈 것인지 결정해야 합니다. 학부모가 병원으로 올 것인지, 치료를 받고 다시 학교로 데리고 갈지도 확인해야 합니다. 아이의 주민등록번호를 알아야 진료 접수가 가능하니 미리 문자로 받아두는 것이 좋습니다. 병원에 가기 전에도, 병원에 가서도, 병원 진료를 다 받고 나서도 학부모와 계속 연락해야 합니다.

넷째, 119구급차로 이송

위급한 응급상황이어서 119구급차로 이송해야 하는 경우가 있습니다. 학부모가 오지 못하는 경우, 담임 선생님이 가야 할 수도 있습니다. 구급차를 타 본 경험이 없는 아이는 두렵고 불안합니다. 자기가 크게 다쳤을까 봐, 부모님께 혼날까 봐 걱정합니다. 구급차 안의 의료 기기들이 무섭기만 합니다. 선생님이 아이의 마음을 보살펴야 합니다. 구급대원이 어떻게 사고가 발생했는지 물을 때, 아이가 혼란스러운 상황이어서 대답하지 못하면, 선생님이 이해하고 있는 상황을 설명해야 합니다.

이동 중에도 학부모와 보건 선생님에게 현재 아이의 상태가 어떠한지, 어떤 병원으로 가고 있는지 실시간으로 알려야 합니다. 병원으로 오고 있거나, 피치 못할 사정으로 병원에 오지 못하는 부모님은 아이의 사고에 당황하고 정신없을 것입니다. 학부모를 안심시키기 위해서는 아이의 상황을 침착하게 전하면서, 때에 따라서는 아이와 통화할 수 있도록 합니다.

다섯째, 학교에 돌아와서 할 일

병원에서 학부모에게 아이를 인계하고 선생님은 학교로 돌아오면 됩니다. 병원 이송 중에 있던 일, 병원 이송 후 있던 일을 다시 교감, 교장 선생님께 알려야 합니다. 수술해야 하는지, 입원해야 하는지, 통원치료도 가능한지 선생님이 알고 있는 구체적인 것들을 보고합니다.

교실에 들어와서는 남은 아이들을 살펴야 합니다. 아이들은 친구의 사고로 마음이 불안하면서 친구의 상태가 어떤지 궁금해합니다. 친구의 건강 상황을 간단히 설명하는 것만으로도 불안감을 없앨 수 있습니다. 이것은 소문을 잠재우는 효과도 있습니다. 이미 학교에 사고 소식이 퍼졌을 것입니다. 선생님이 하는 간단한 설명이 근거 없이 부풀어서 퍼지는 소문을 바로잡을 수 있습니다.

안전사고가 어느 정도 수습되었다면 오늘 일어난 사고가 학교안전공제회 신청 대상인지 확인해야 합니다. 학교안전공제회는 다음과 같은 제도입니다.

교육 활동 중에 발생한 사고로서 학생·교직원 또는 교육 활동 참여자의 생명 또는 신체에 피해를 주는 모든 사고 및 학교급식 등 학교장의 관리·감독에 속하는 업무가 직접 원인이 되어 발생하는 질병에 대해 치료비를 일부 지원해 주는 제도

수업 활동, 체육활동, 현장학습, 급식 등이 원인이 되어 발생한 모든 사고에 대해 학생의 치료비를 지원해 줍니다. 단, 아래의 두 가지 경우는 지원되지 않으니 꼭 확인해야 합니다.

- 교육 활동으로 발생하지 않은 경우 (학생들끼리 장난치다가 다친 경우 등)
- 가해 학생이 피해 학생의 치료비를 배상하는 경우

안전은 위험이 생기거나 사고가 날 염려가 없는 편안하고 온전한 상태를 말합니다. 교실에서 위험 요소를 모두 제거해 안전하게 생활하려면 아이들은 놀이를 포기하고, 움직이지 말아야 합니다. 야누슈 코르차크(Janusz Korczak)는 '아이들에게 뛰지 말라고 하는 것은 심장에 뛰지 말라고 하는 것과 같다'고 말했습니다. 아이들이 뛰어다니며 노는 것은 아이들이 숨 쉬고 살아있는 이유입니다. 만약 아이들이 뛰어다니는 것을 허락한다면, 선생님은 안전사고에 침착하게 대처해야 합니다. 간단한 상처에 대처하는 방법을 미리 공부하는 것도 좋은 방법입니다.

입술이 터져 피를 흘리는 아이를 보니, 제가 정신이 너무 없었어요. 상처가 크지 않아 보건 선생님께서 바로 응급처치를 해주셔서 다행이었어요. 아이는 자기가 아팠던 것도 잊고 쉬는 시간이면 다시 뛰어다녀요.

제 행동에 어떤 문제가 있었는지 곰곰이 생각해 봤습니다.

첫째, 아이가 다친 것만 눈에 보이고, 주변 아이들은 신경 쓰지 않았습니다.

둘째, 보건실에 다녀오고도 계속 아이의 상태를 확인했어야 했어요.

셋째, 아이가 괜찮아지니까 학부모와 전화 통화할 생각을 못 했어요.

이런 일을 겪고 나서 간단한 응급처치를 배워야 한다고 생각했습니다. 조그만 상처에 무조건 보건실에 보내기보다, 선생님이 먼저 아이의 상처를 살펴보고 바르게 판단해야 하니까요. 무엇보다 선생님인 제가 대범해져야 한다고 결심했어요. 아이들은 선생님의 떨림과 당황을 금방 알아채더라고요. 안전한 우리 반을 위해 미리 안전에 대비하는 선생님이 되겠습니다.

학교폭력 사안은
이렇게 처리해요

※ 학교폭력 사안 처리 방법은 계속 바뀌니 지역교육청의 지침을 잘 살펴야 합니다.

> **Q** 선생님, 어제 한 아이가 학교폭력을 당했다고 상담을 요청했어요. 오랜 시간 괴롭힘을 당하다가 참지 못하고 말한 것 같아요. 이럴 때는 어떻게 해야 하나요?

아이가 학교폭력으로 힘들어한다는 것을 알게 되었다면 선생님은 즉각 반응해야 합니다. 그 아이는 오랜 시간 동안 고통스러웠을 것입니다. 이 사실을 선생님에게 말해도 괜찮을지 고민했을 것입니다. 이 사건이 노출되었을 때 자신을 바라볼 주변의 시선이 두려웠을 것입니다. 아이가 용기를 내 말을 꺼냈다면, 이제는 선생님이 개입하셔야 할 때입니다.

실제 아이들이 교사나 주변 어른들에게 학교폭력을 신고하지 않는 이유는 '주변 사람들이 별일 아니라고 생각할 것 같아서, 말해도 아무 소용이 없을 것 같아서'라고 합니다. 그러나 아이가 지속적으로 정신적, 신체적 고통을 받았다면 그것은 분명 학교폭력입니다.

학교폭력을 알게 된 순간 선생님이 해야 할 일을 피해 아이에게 어떤 일이 일어났는지 정확하게 파악하는 것입니다. 아이에게 사건 경위서와 같은 종이에 혼자 적게 하는 것보다, 먼저 선생님과 대화하는 것이 좋습니다. 아이와 부모님의 동의를 얻어 대화 내용을 녹음해도 괜찮고요. 대화 중간에 아이에게 궁금한 점을 질문해요. 아이가 직접 생각해서 쓰는 것보다 더 구체적인 내용을 얻을 수 있습니다.

선생님이 파악한 사실을 학교폭력 담당 교사와 학교장에게 알려야 합니다. 학교폭력 담당 교사가 학교폭력 사안을 접수하면, 그때부터는 담당 교사가 선생님이 해야 할 일을 안내해 줄 것입니다.

1. 학교폭력 사건 인지
● 117 학교폭력 신고 센터로부터의 통보 및 학생, 보호자의 신고 등

↓

2. 신고 접수 및 보고 (업무 담당자)
·● 신고 접수된 사안을 기록하고 학교장 및 교육청에 보고, 학생 보호자에 통지

↓

3. 즉시 조치 (학교장, 담임 교사 등)
● 필요 시 피해 학생과 가해 학생 즉시 격리 ● 관련 학생 안전 조치 　- 피해 학생 - 보건실 응급처치, 병의원 진료 등 　- 가해 학생 - 심리적 안정 등 ● 피해 학생이 가해 학생으로부터 보복행위를 당하지 않도록 조치 ● 성폭력인 경우 『아동·청소년의 성보호에 관한 법률』에 따라 수사기관에 신고

↓

4. 사안 조사 (학교폭력 전담기구 및 담임교사)
● 피해 및 가해 사실 여부 확인을 위한 구체적인 사안 조사 ● 피해·가해학생 심층 면담 ● 보호자 면담을 통해 사안과 관련된 내용을 충분히 이해할 수 있도록 안내하고, 각각의 요구사항을 파악

↓

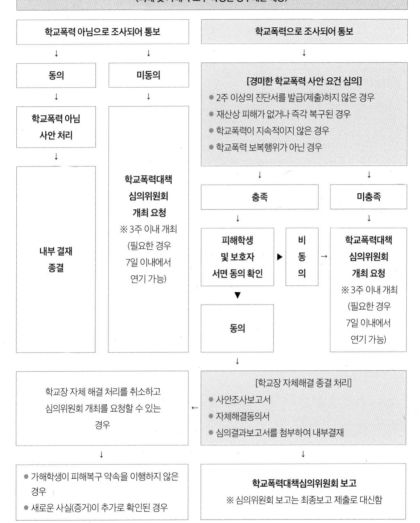

학교장 자체 해결 여부 심의 과정
(피해 및 가해자 모두 학생인 경우에만 해당)

| 학교폭력 아님으로 조사되어 통보 | 학교폭력으로 조사되어 통보 |

학교폭력 아님으로 조사되어 통보

동의 / 미동의

↓

학교폭력 아님
사안 처리

내부 결재
종결

학교폭력대책
심의위원회
개최 요청
※ 3주 이내 개최
(필요한 경우
7일 이내에서
연기 가능)

학교폭력으로 조사되어 통보

[경미한 학교폭력 사안 요건 심의]
- 2주 이상의 진단서를 발급(제출)하지 않은 경우
- 재산상 피해가 없거나 즉각 복구된 경우
- 학교폭력이 지속적이지 않은 경우
- 학교폭력 보복행위가 아닌 경우

충족 / 미충족

피해학생
및 보호자
서면 동의 확인 ▶ 비동의 → 학교폭력대책
심의위원회
개최 요청
※ 3주 이내 개최
(필요한 경우
7일 이내에서
연기 가능)

▼

동의

[학교장 자체해결 종결 처리]
- 사안조사보고서
- 자체해결동의서
- 심의결과보고서를 첨부하여 내부결재

학교장 자체 해결 처리를 취소하고
심의위원회 개최를 요청할 수 있는
경우

←

학교폭력대책심의위원회 보고
※ 심의위원회 보고는 최종보고 제출로 대신함

- 가해학생이 피해복구 약속을 이행하지 않은
경우
- 새로운 사실(증거)이 추가로 확인된 경우

학교폭력 사안이 담당 교사에 의해 처리되는 동안 선생님은 학부모와 계속 연락해야 합니다. 학교폭력 사안으로 학부모와 상담할 때 다음과 같은 사항을 꼭 생각하셔야 합니다.

피해 학생 학부모와 상담할 때

피해 학생의 학부모는 가해 학생을 원망하는 한편, 자녀의 학교폭력 피해 사실을 미리 알지 못하고 보호하지 못한 것에 미안할 것입니다. 이제라도 자녀를 대신하여 무엇이라도 해주고 싶은 마음일 것입니다.

- 학부모의 분노와 원망 등의 감정을 이해하고 정서적 지지를 보냅니다.
- 사안 조사로 확인한 사실을 학부모가 정확히 알고 있는지 파악합니다.
- 현재 피해 학생과 학부모가 무엇을 원하는지 정확히 묻습니다.
  (화해, 사과, 전학, 가해 학생 처벌 등)
- 가해 학생 측과 개별적으로 만나거나 연락하지 않도록 합니다.
- 학교에서 어떻게 사안을 처리하고 있는지 안내합니다.

가해 학생 학부모와 상담할 때

가해 학생의 학부모 역시 자녀가 학교폭력의 가해자라는 사실에 당황스러울 것입니다. 우리 아이가 그럴 리가 없다고 생각할 수도 있습니다. 아이의 잘못을 인정하면 학교폭력 가해자로 낙인찍힐까 봐 불안해할 수도 있습니다.

- 학부모의 감정을 수용하지만, 가해 행위, 피해 학생의 피해 정도 등을 정확히 알립니다.
- 학교폭력의 사안 처리 절차에 대해 안내하면서 가해 학생을 낙인찍지 않고 교육적으로 지도할 것을 알립니다.

● 피해 학생 측과 개별적으로 만나거나 연락하지 않도록 합니다.

학부모와 대화할 때 선생님은 처음부터 끝까지 중립적인 자세를 유지해야 합니다. 어느 한쪽을 편든다는 오해는 학부모의 감정을 격하게 만들 수 있습니다. 또한 성급하게 화해를 유도하지 마세요. 이미 학교폭력으로 사안을 접수했다면 해결도 학교폭력 전담 기구나 학교폭력 대책 심의위원회의 중재에 따라야 합니다. 마지막으로 학부모와의 대화는 반드시 육하원칙에 의거하여 상담일지에 기록하세요.

❗ 후배 선생님이 들려주는 교실 이야기

선생님, 처음에는 어떻게든 두 아이를 화해시키려고 했어요. 그동안 교실에서 일어난 사소한 다툼처럼 해결하려고 했어요. 선생님의 이야기를 듣고 아이가 받았을 마음의 상처를 생각하니 그렇게 할 수 없었어요.

사안을 정확히 파악해서 가해 아이에게 자신이 한 일이 잘못된 것이라는 것 알게 했어요. 피해 학생이나, 학부모가 원한 대로 다시는 그러한 일을 반복하지 않도록 약속했어요. 가해 아이의 부모님도 자녀가 다시는 친구에게 피해를 주지 않도록 지켜봐 주시기로 했습니다.

이번 일을 계기로 느낀 것이 있어요. 학교폭력은 선생님의 시선이 아닌 피해 아이의 시선으로 봐야 한다는 것입니다. 아이가 당한 고통은 그 아이만이 알 수 있는 것이니까요.

아이가 다쳤다면
학교안전공제회에 접수해요

Q 어제 체육 시간에 넘어졌던 아이가 오늘 아침 발에 깁스하고 등교했어요. 수업 중에 일어난 일이라서 무엇인가 해야 할 것 같아요. 이럴 때는 어떻게 해야 하나요?

끊임없이 안전을 강조하고 교육한다 해도 학교 안에서 안전사고는 끊이지 않습니다. 저희 반 아이도 며칠 전 체육 시간에 피구를 하다가 손가락이 골절되는 일이 있었습니다. 학부모님께 다치게 된 경위, 응급처치, 현재 상태를 자세히 설명하고 병원 진료를 부탁드렸습니다. 마지막에 이 말을 덧붙였습니다.

"학교안전공제회에 접수하겠습니다."

학교안전공제회는 학교에서 일어나는 안전사고를 예방하고, 교육활동 중에 발생한 사고에 대해 보상해 주는 기관입니다. 교육활동이 이루어지는 공간에서(학교, 학교 주변, 체험학습 장소 등) 학교생활과 관련된 모든 시간에(등교 시간, 수업 시간, 쉬는 시간, 점심시간, 방과 후 시간 등) 학생과 교사에게 발생하는 안전사고에 대해 보상해 줍니다. 체육 수업 중 발을 다친 그 아이도 보상받을 수 있습니다.

그럼, 학교안전공제회에 사고를 접수하는 과정을 알려줄게요.

첫째, 사고가 일어난 과정을 정확히 파악해야 합니다.
- 언제, 어디에서, 어떤 상황에서 일어났는가?
- 안전사고를 유발한 사람이 있는가?
- 아이의 처음 상태는 어떠했고, 지금 상태는 어떠한가?
- 응급처치는 했는가? 병원 진료를 받았는가? 추후 치료 과정은 어떠한가?

둘째, 학교 관리자에게 안전사고에 대해 미리 보고해야 합니다. 선생님이 학교안전공제회 학교 안전사고 보상지원시스템에 로그인해서 사고 내용을 기록하고, 교장 선생님께서 서명하시면 사고가 접수됩니다. 학교에서 일어나는 일들의 책임이 교장 선생님께 있듯 안전사고도 마찬가지입니다. 안전공제회에 접수하기 전 아이가 다친 과정과 현재 상태까지 미리 말씀드리면 좋습니다.

셋째, 학교안전공제회 학교 안전사고 보상지원시스템에 로그인합니다. 선생님이 개인적으로 회원가입을 하는 것이 아니라, 학교 대표 아이디와 비밀번호로 학교 시스템에 로그인해야 합니다. 행정실에서 이 업무를 담당하는

학교 시스템 로그인

학교 안전사고 통지

분이 있으니 꼭 알아보세요. 참, 이 시스템은 해당 학교 이외의 장소에서는 이용할 수 없습니다. 학교 IP와 접속 IP가 일치하지 않으면 로그인할 수 없는 것이죠.

넷째, 안전사고 내용을 통지해야 합니다. 메인화면의 학교 안전사고 통지를 클릭하면, 그동안 선생님의 학교에서 발생한 안전사고를 목록으로 확인할 수 있습니다. [사고등록] 버튼을 클릭하면 중복사고 확인 후 내용을 입력할 수 있습니다. 체육 시간에 피구 게임으로 손가락이 골절된 아이의 사례로 입력해 보겠습니다. (아이의 이름과 개인정보는 모두 실제가 아닙니다.)

① 일반 사항 및 사고 관련자 입력

아이의 기본 정보, 지도교사 및 작성자, 사고 관련자를 입력합니다. 이때 작성자의 휴대전화 번호는 정확히 입력해야 합니다. 사고 접수 및 안내에 관한 사항이 이 번호로 안내됩니다.

② 사고 내용 등록

사고개요는 예시자료가 있으니 선생님 반 아이의 안전사고 내용으로 변경하면 됩니다. 나머지 사항은 해당 내용을 클릭하여 선택하면 됩니다.

사고개요	(누가) 6학년 5반 이준영 학생이 (언제) 2023년 6월 19일(금) 11시 30분경 (어디에서) 학교 강당에서 (무엇을 하다가) 체육 수업 피구 활동에서 공을 피하다가 (어떻게) 몸의 중심을 잃고 바닥에 손을 짚을 때 오른손 가운뎃손가락이 골절되어 다친 사고
사고 일자	2023년 6월 19일 (월)
사고 시간	11시 30분
사고 장소	교내 - 체육 집회 장소 - 강당 (체육관)
사고 당시 활동	시간 - 교육과정 교과 - 체육
	활동 - 스포츠활동 - 구기 - 피구
사고 매개물	건축물 - 바닥
사고 형태	둔탁한 힘에 의한 사고 - 낙상 - 넘어짐
사고 부위	사지 - 손가락 - 우
위해예견정도	경상
사고 의도성	비의도
사고 발생 후 긴급조치 내용	보건실 치료 여부 - 여
	의료기관 이송 여부 - 여 - 피공제자가 직접 내원

③ 그 밖의 사항 등록

지도 내용 및 안전 교육 내용, 병원 진료 등의 그 밖의 사항에 대해 기록합니다.

지도 내용 및 안전 교육 내용	- 체육 활동 전에 몸풀기를 위해 준비운동을 했습니다. - 손가락을 보호하기 위해 공을 주고받는 연습을 충분히 했습니다. - 경쟁이 과열되지 않도록 지속적으로 지도했습니다.
그 밖의 사항	- 사고 발생 즉시 보건실에서 냉찜질했습니다. - 하교 후 학부모와 병원에 내원하여 진료받은 후 손가락 골절로 깁스하게 되었습니다.

이때 신고인 성명도 등록하는데 신고인은 교장 선생님입니다. 교장 선생님 휴대폰 번호를 입력하면 온라인 서명도 가능합니다.

다섯째, 사고 내용 기록 상태를 확인합니다. 사고 내용을 모두 기록하고 교장 선생님께서 서명하셨다면, 처음 학교 안전사고 통지 화면으로 이동해야 합니다. 선생님이 올린 사고의 현재 진행 상태를 확인할 수 있습니다.

- 미통보 : 사고 내용을 작성했으나 신고인 서명이 완료되지 않은 상태
- 미접수 : 공제회에 통보했으나 담당자가 확인하지 않은 상태
- 접수 : 공제회 담당자가 확인하여 접수한 상태
- 심사중 : 학교 안전사고에 해당하는지 심사가 진행중인 상태
- 보완 : 사고 내용 미비로 보완이 필요한 상태
- 대상 아님 : 해당 사고가 학교 안전사고에 해당되지 않는 경우
- 재작성 : 이미 접수가 진행되어 수정 불가능한 사고를 재작성할 경우 이미 접수된 사고는 재작성 상태가 되어 청구가 불가능

여섯째, 공제회 담당자가 확인하여 접수 상태가 되면 부모님께 안내합니다. 치료가 모두 완료된 후 공제급여를 청구는 부모님의 몫입니다. 안내 메뉴얼을 보내면 절차대로 쉽게 따라 할 수 있습니다. 안내 메뉴얼은 처음 로그인 화면에서 내려받을 수 있습니다.

아무리 안전을 강조하고 주의해도 사고는 발생합니다. 아이가 다치면 부모님이 가장 속상합니다. 이때 선생님과의 대화가 부모님의 속상함을 달랠 수 있습니다. 안전사고가 일어난 원인이나 초기 대처에 대해 꼭 설명해 주세요. 그리고 꼭 이렇게 말해주세요.

"학교안전공제회에 접수하겠습니다."

후배 선생님이 들려주는 교실 이야기

선생님 말씀대로 다리 다친 아이의 어머니와 바로 통화했습니다. 아이의 정확한 상태를 묻고, 앞으로 치료에 대해 설명도 들었습니다. 마지막으로 학교안전공제회 안전사고 접수에 대해 말씀드렸습니다. 어머니께서는 학교안전공제회에 대해 모르고 계셔서 접수와 공제급여 수령에 대해 차근차근 설명했습니다. 매뉴얼도 한 부 출력하여 보내드렸습니다. 어머니의 마지막 인사를 들으니 제 마음이 한결 편해졌습니다.

"어제는 아이가 다치고 와서 속상했는데, 선생님께서 아이가 다친 이야기를 자세히 설명해 주셔서 마음이 풀어졌어요. 게다가 학교안전공제회까지 신경 써 주셔서 감사해요."

이 책을 쓰기 참 잘했습니다.

글을 마치려고 하니 처음 글을 쓰기 시작했을 때가 떠오릅니다.

"선생님 교실 이야기를 글로 써 보면 어때요?"

"제가요? 책은 아무나 쓰나요?"

"선생님 교실은 이야기가 있는 것 같아요. 다른 선생님들도 듣고 싶을 것 같은데요?"

"그래도 제가 어떻게……"

"아침마다 찾아오는 후배와 하는 이야기를 글로 써요. 그것이 선생님 교실 이야기잖아요."

새로 오신 교감 선생님께서 도전과제를 주셨습니다.

그날부터 교감 선생님께서는 저의 선생님이 되어 주셨습니다. 저를 만나기 전부터 천년손이 시리즈를 비롯하여 책을 20권 이상을 쓴 멋진 분이셨거든요. 교감 선생님께서는 첫 문장을 쓸 때부터 마지막 원고를 마칠 때까지 함께 해 주셨습니다. 문장 쓰기부터 고쳐쓰기까지 정말 많은 것을 가르쳐주셨습니다.

"문장을 간결하게 써야 독자가 읽기 편해요."
"문단이 너무 길어요."
"글을 쓰고 꼭 읽어봐요. 그러면 고칠 것이 보여요."
"글은 손에서 나와요. 매일 써야 지치지 않아요."
매일 저녁이면 교감 선생님으로부터 메시지가 옵니다.
"저는 오늘 20쪽 정도 쓰고 잡니다. 오늘도 꼭 쓰고 자요."
같이 글쓰기를 시작한 선생님들도 메시지를 보냅니다.
"저도 지금 시작합니다. 목표한 만큼 꼭 쓰고 자겠습니다."

몸이 무거운 날이면 그냥 멍하니 TV에 빠져있다가도 벌떡 일어나 노트북을 켭니다. 매일 생각이 이어지도록, 한 문장이라도, 한 문단이라도 쓸 수 있도록 해 주셨습니다.

고비가 없었던 것은 아닙니다. 40개의 주제 중 10개쯤 썼을 때입니다. 코로나에 확진되어 열이 오르고 머리가 깨질 것 같은 상황에서 다음 원고에 대해 고민하는 제가 이상했습니다. 아픈데 눈치 없이 띠링띠링 울리는 메시지 소리가 싫었습니다. 부담되었습니다. 그만하고 싶었습니다. 원고 주제를 어떻게 이어갈지에 대한 고민이 아니라 어떻게 하면 빠져나갈 수 있을지 고민했습니다. 그런데 격리가 끝나고 교감 선생님을 만나 이렇게 말해버렸습니다.

"아파서 많이 쉬었습니다. 다음 주제 열심히 쓰겠습니다."

글을 쓰기 시작한 지 1년이 되어 갑니다. 우리 교실 이야기를 글로 담았습니다. 그런데 신기하게도 글 속 내용이 다시 우리 교실 이야기가 되었습니다. 아침부터 얼굴 찡그린 아이들의 속마음에 관심이 갔습니다. 머리가 아픈 아이와 산책도 합니다. 일한 만큼 월급도 달라는 아이들과 함께 월급 받는 아이들의 규칙도 만들었습니다. 점심시간이면 어떻게든 선생님을 이기려고 기를 쓰는 아이들에게 더 기를 쓰고 보드게임을 이깁니다.

여전히 그 후배 선생님은 아침이면 찾아옵니다. 이제 우리 교실에 있는 것들 대부분을 자기 교실에 더 정교하게 옮겼음에도 찾아옵니다. 여전히 아이들, 학부모, 수업을 이야기합니다. 처음 만났을 때는 서투른 후배였는데 지금은 느낌이 다릅니다. 예전에는 아이 때문에 고민하는 얘기가 대부분이었는데, 이제는 달라진 이야기를 해줍니다.

"글쎄 매번 친구를 놀리던 그 아이가 친구에게 미안하다고 말했다니까요."

우리들이 나눈 이야기를 글로 썼지만, 이것이 정답이라고 생각하지는 않습니다. 아이들에게 다가갈 수 있는 한 가지 방법이라고 생각했으면 좋겠습니다. 함께 길을 가는 세 명 중 나의 스승이 한 명 있다는데 그중 한 명이었으면 좋겠습니다.

글을 마무리하는 이 순간 이 말이 떠올랐습니다.

"이 글을 쓰기 참 잘했습니다."

"그리고 감사합니다."

저를 글쓰기의 세계로 데리고 오셔서 단어 하나까지 고민해주신 김성효 교감 선생님, 함께 시작하여 이제 어엿한 동화작가가 된 이서윤 선생님, 조금 있으면 원고 완성이라는 성취감을 느낄 김진솔 선생님. 아침마다 찾아와 같이 커피를 마셔준 전혜진 선생님.

마지막으로 밤새 글을 쓴다고 키보드를 타닥거려도 타박하지 않고, 완성을 기다려 준 아내에게 이 책을 보여주고 싶습니다.

삶의 행복을 꿈꾸는 교육은
어디에서 오는가?

● **교육혁명을 앞당기는 배움책 이야기** 혁신교육의 철학과 잉걸진 미래를 만나다!

● **비고츠키 선집 시리즈** 발달과 협력의 교육학 어떻게 읽을 것인가?

01 생각과 말　　　　　　　　　　　　L.S. 비고츠키 지음 | 배희철·김용호·D. 켈로그 옮김 | 690쪽 | 값 33,000원

02 도구와 기호　　　　　　　　　　　비고츠키·루리야 지음 | 비고츠키 연구회 옮김 | 336쪽 | 값 16,000원

03 어린이 자기행동숙달의 역사와 발달 I　L.S. 비고츠키 지음 | 비고츠키 연구회 옮김 | 564쪽 | 값 28,000원

04 어린이 자기행동숙달의 역사와 발달 II　L.S. 비고츠키 지음 | 비고츠키 연구회 옮김 | 552쪽 | 값 28,000원

05 어린이의 상상과 창조　　　　　　　L.S. 비고츠키 지음 | 비고츠키 연구회 옮김 | 280쪽 | 값 15,000원

06 성장과 분화　　　　　　　　　　　L.S. 비고츠키 지음 | 비고츠키 연구회 옮김 | 308쪽 | 값 15,000원

07 연령과 위기　　　　　　　　　　　L.S. 비고츠키 지음 | 비고츠키 연구회 옮김 | 336쪽 | 값 17,000원

08 의식과 숙달　　　　　　　　　　　L.S 비고츠키 | 비고츠키 연구회 옮김 | 348쪽 | 값 17,000원

09 분열과 사랑　　　　　　　　　　　L.S. 비고츠키 지음 | 비고츠키 연구회 옮김 | 260쪽 | 값 16,000원

10 성애와 갈등　　　　　　　　　　　L.S. 비고츠키 지음 | 비고츠키 연구회 옮김 | 268쪽 | 값 17,000원

11 흥미와 개념　　　　　　　　　　　L.S. 비고츠키 지음 | 비고츠키 연구회 옮김 | 408쪽 | 값 21,000원

12 인격과 세계관　　　　　　　　　　L.S. 비고츠키 지음 | 비고츠키 연구회 옮김 | 372쪽 | 값 22,000원

13 정서 학설 I　　　　　　　　　　　L.S. 비고츠키 지음 | 비고츠키 연구회 옮김 | 584쪽 | 값 35,000원

14 정서 학설 II　　　　　　　　　　　L.S. 비고츠키 지음 | 비고츠키 연구회 옮김 | 480쪽 | 값 35,000원

비고츠키와 인지 발달의 비밀　　　　　　A.R. 루리야 지음 | 배희철 옮김 | 280쪽 | 값 15,000원

비고츠키의 발달교육이란 무엇인가?　　　비고츠키교육학실천연구모임 지음 | 412쪽 | 값 21,000원

비고츠키 철학으로 본 핀란드 교육과정　　배희철 지음 | 456쪽 | 값 23,000원

비고츠키와 마르크스　　　　　　　　　앤디 블런던 외 지음 | 이성우 옮김 | 388쪽 | 값 19,000원

수업과 수업 사이　　　　　　　　　　　비고츠키 연구회 지음 | 196쪽 | 값 12,000원

관계의 교육학, 비고츠키　　　　　　　　진보교육연구소 비고츠키교육학실천연구모임 지음 | 300쪽 | 값 15,000원

교사와 부모를 위한 발달교육이란 무엇인가?　현광일 지음 | 380쪽 | 값 18,000원

비고츠키 생각과 말 쉽게 읽기　　　　　　진보교육연구소 비고츠키교육학실천연구모임 지음 | 316쪽 | 값 15,000원

교사와 부모를 위한 비고츠키 교육학　　　카르포프 지음 | 실천교사번역팀 옮김 | 308쪽 | 값 15,000원

레프 비고츠키　　　　　　　　　　　　르네 반 데 비어 지음 | 배희철 옮김 | 296쪽 | 값 21,000원

참된 삶과 교육에 관한
생각 줍기